Gostaria de ter a **VERSÃO DIGITAL** deste livro?

CB136223

Caro Aluno,

para facilitar o seu estudo diário, oferecemos a você **a versão digital do seu livro** com um desconto exclusivo. Para comprá-lo, basta utilizar o código de acesso abaixo.

Veja como:

1. **ACESSE** O SITE **www.aticascipione.com.br**
2. Faça seu **cadastro**.
3. **Busque o título** que deseja.
4. Insira o **código de acesso***.
5. **Registre sua compra** e receba a confirmação.
6. **Pronto!** Você já tem acesso à versão digital deste livro, com todos os seus benefícios.

Complemente seu livro impresso e **maximize a sua experiência** de aprendizagem.

BENEFÍCIOS DO LIVRO DIGITAL

- Acesso imediato no tablet ou no computador.
- Portabilidade: você pode transportar todos os seus livros e acessá-los em qualquer momento e em qualquer lugar.
- Acesso aos diversos recursos de interatividade (verifique a disponibilidade).

CÓDIGO DE ACESSO
LAMC.7B3E.0661.07E0
541744 Marcha Criança Língua Portuguesa 3º ano - Impresso - Aluno

*Seu código de acesso é exclusivo desta obra e intransferível.

editora ática
editora scipione

LÍNGUA PORTUGUESA

MARCHA CRIANÇA

3º ANO

Maria Teresa Marsico

Professora graduada em Letras pela Universidade Federal do Rio de Janeiro (UFRJ) e em Pedagogia pela Sociedade Unificada de Ensino Superior Augusto Motta. Atuou por mais de trinta anos como professora de Educação Infantil e Ensino Fundamental das redes municipal e particular no município do Rio de Janeiro.

Maria Elisabete Martins Antunes

Professora graduada em Letras pela Universidade Federal do Rio de Janeiro (UFRJ). Atuou durante trinta anos como professora titular em turmas do 1º ao 5º ano na rede municipal de ensino do Rio de Janeiro.

Armando Coelho de Carvalho Neto

Atua desde 1981 com alunos e professores das redes oficial e particular de ensino do Rio de Janeiro. Desenvolve pesquisas e estudos sobre metodologias e teorias modernas de aprendizado. É autor de obras didáticas para Ensino Fundamental e Educação Infantil desde 1993.

Agora você também consegue acessar o *site* exclusivo da **Coleção Marcha Criança** por meio deste QR code.

Basta fazer o *download* de um leitor QR code e posicionar a câmera de seu celular ou *tablet* como se fosse fotografar a imagem acima.

editora scipione

editora scipione

Diretoria de conteúdo e inovação pedagógica
Mário Ghio Júnior
Diretoria editorial
Lidiane Vivaldini Olo
Gerência editorial
Luiz Tonolli
Editoria de Anos Iniciais
Tatiany Telles Renó
Edição
Miriam Mayumi Nakamura e
Letícia Reys Scarp
Arte
Ricardo de Gan Braga (superv.),
Andréa Dellamagna (coord. de criação),
Gláucia Correa Koller (progr. visual de capa e miolo),
Cláudio Faustino (editor de arte) e
Casa de Tipos (diagram.)
Revisão
Hélia de Jesus Gonsaga (ger.),
Rosângela Muricy (coord.),
Ana Curci, Heloísa Schiavo (prep.),
Gabriela Macedo de Andrade,
Luís Maurício Boa Nova,
Vanessa de Paula Santos e
Brenda Morais (estag.)
Iconografia
Sílvio Kligin (superv.)
Carlos Luvizari e Evelyn Torrecilla (pesquisa),
Cesar Wolf e Fernanda Crevin (tratamento de imagem)
Ilustrações
ArtefatoZ (capa), Ilustra Cartoon, Kanton e
Roberto Higa (miolo)
Cartografia
Eric Fuzii, Marcelo Seiji Hirata, Márcio Santos de Souza e
Robson Rosendo da Rocha

Os textos sem referência são de autoria de Maria Teresa Marsico e Armando Coelho.

Av. das Nações Unidas, 7221, 3º andar, Setor D
Pinheiros – São Paulo – SP – CEP 05425-902
Tel.: 4003-3061
www.scipione.com.br / atendimento@scipione.com.br

Dados Internacionais de Catalogação na Publicação (CIP)
(Câmara Brasileira do Livro, SP, Brasil)

Marsico, Maria Teresa
Marcha criança : língua portuguesa, 3º ano: ensino fundamental / Maria Teresa Marsico, Maria Elisabete Martins Antunes, Armando Coelho de Carvalho Neto. – 12. ed. – São Paulo: Scipione, 2015. – (Coleção marcha criança)
Bibliografia.
1. Português (Ensino fundamental) I. Antunes, Maria Elisabete Martins. II. Carvalho Neto, Armando Coelho de. III. Título. IV. Série.

15-02851 CDD–372.6

Índice para catálogo sistemático:
1. Português : Ensino fundamental 372.6

2016
ISBN 978 85262 9602 2 (AL)
ISBN 978 85262 9601 5 (PR)
Cód. da obra CL 738978
CAE 541 744 (AL) / 541 745 (PR)

12ª edição
3ª impressão

Impressão e acabamento
Vox Gráfica

Apresentação

Querido aluno, querida aluna,

Preparamos este livro com muito carinho especialmente para você. Ele está repleto de situações e atividades motivadoras, que certamente despertarão seu interesse e lhe proporcionarão muitas descobertas. Esperamos que com ele você encontre satisfação no constante desafio de aprender!

Ao final de cada Unidade apresentamos a seção **Ideias em ação**. Nela, você e seus colegas colocarão em prática alguns dos conhecimentos adquiridos no decorrer de seus estudos.

Além disso, como novidade, temos a seção **O tema é...**, trazendo para você temas para discutir, opinar e conhecer mais. De modo envolvente, essa seção preparará você e seus colegas para compreender melhor o mundo em que vivemos.

Crie, opine, participe, aprenda e colabore para fazer um mundo melhor. E lembre-se sempre de compartilhar seus conhecimentos com todos à sua volta.

Bons estudos e um forte abraço,

Maria Teresa, Maria Elisabete e Armando

ArtefatoZ/Arquivo da editora

Conheça seu livro

Veja a seguir como o seu livro está organizado.

Unidade

Seu livro está organizado em quatro Unidades. As aberturas são em páginas duplas. Em **Vamos conversar?** você e seus colegas discutem algumas questões e conversam sobre a imagem de abertura. Em **O que vou estudar?** você encontra um resumo do que vai aprender em cada Unidade.

Vocabulário

Para facilitar o entendimento, você encontra o significado de algumas palavras no final dos textos. Essas palavras aparecem destacadas no texto.

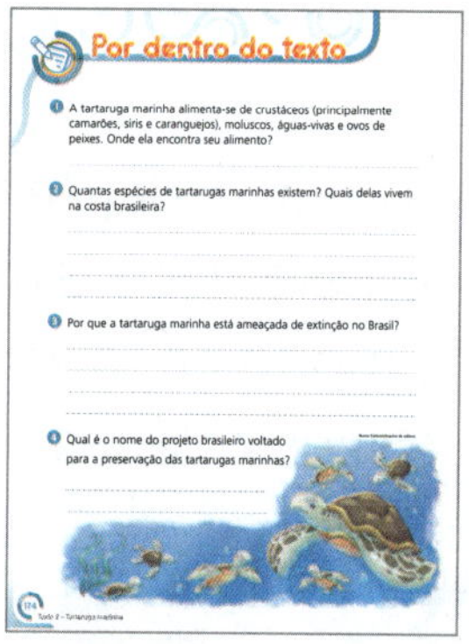

Por dentro do texto

Nesta seção você encontra atividades que exploram os textos lidos. Você também vai discutir suas ideias com os colegas e dar sua opinião sobre vários assuntos.

Aprendendo gramática

Por meio de textos e atividades variadas, você aprende a gramática de uma forma mais simples e natural.

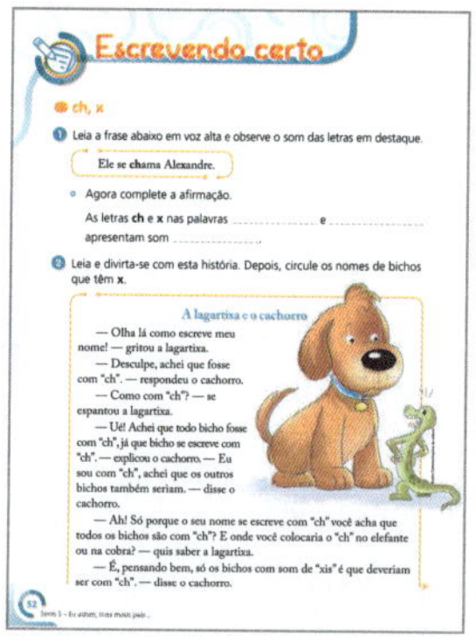

Escrevendo certo

Nesta seção, você treina a ortografia.

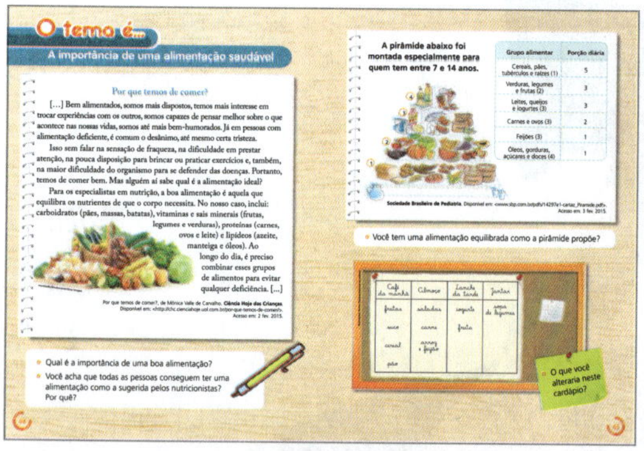

O tema é...

Seção que traz temas para você discutir, opinar e aprender mais!

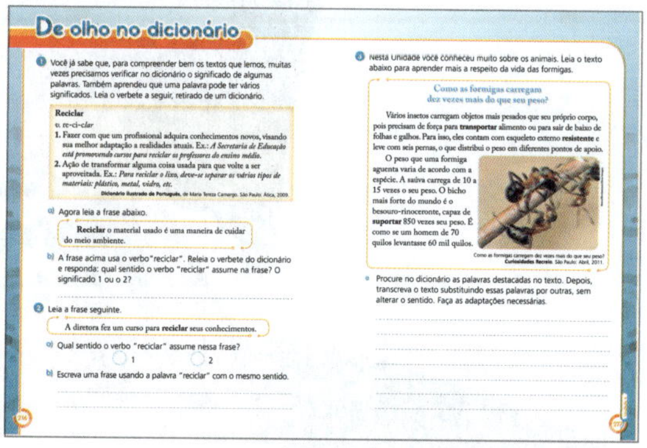

De olho no dicionário

Nesta seção, você recebe dicas e sugestões de como usar o dicionário.

Ideias em ação

Esta seção encerra a Unidade. Nela, você faz a produção de um texto seguindo algumas etapas e usa o **Caderno de produção de texto**.

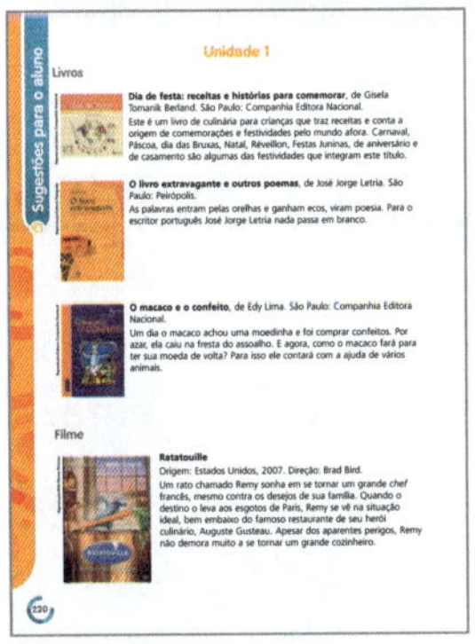

Sugestões para o aluno

Seleção de livros, CDs, *sites* e DVDs para complementar seus estudos e ampliar seus conhecimentos.

Materiais de apoio

Caderno de gramática e ortografia

Material no final do livro que ajuda você a complementar e revisar o estudo de gramática e ortografia.

Caderno de produção de texto

Material avulso no qual você faz suas produções de texto. As orientações de como usá-lo estão na seção **Ideias em ação**.

Livro de leitura

Material de leitura avulso que traz o conto **A Bela Adormecida** e a seção **Por dentro da história**, com atividades.

Página +

No final do livro você encontra uma página especial ilustrada, que destaca alguns dos assuntos explorados no livro.

Quando você encontrar estes ícones, fique atento!

atividade oral

atividade no caderno

atividade em grupo

OED Este ícone indica objetos educacionais digitais (OEDs) relacionados aos conteúdos do livro. Acesse: <www.marchacrianca.com.br>.

Sumário

Ilustrações: Ilustra Cartoon/ Arquivo da editora

Ilustrações: Ilustra Cartoon/ Arquivo da editora

UNIDADE 1

Comer bem, viver bem!

Vamos conversar?

- Qual é a sua fruta preferida?
- Você costuma comer verduras e legumes diariamente? Quais?
- Você acha importante ter uma alimentação saudável? Por quê?

O que vou estudar?

- Ordem alfabética
- Encontro vocálico
- Encontro consonantal
- Dígrafo
- Sílaba
- Sílaba tônica

Ilustra Cartoon/Arquivo da editora

Texto 1

No caminho para o cinema

Ô MAGALI! CHEGA!
COM ESSES DOIS, JÁ SERÃO VINTE HAMBÚRGUERES!
HUMM! ESTAVA DELICIO-SO!
A CONTA, POR FAVOR!
HUM... ACHO QUE AINDA DÁ PRO CINEMA!
MÃE, COMPRA ALGODÃO-DOCE PRA MIM?
SLEP! SLEP!

PIPOCA!
AI!
PIRULIT...
NÃO!
AH, MÃE! SÓ UM, VAI!
TÁ BOM!
UM PIRULITO!
HÃ? GLUP! SIM, SENHORA!

Almanaque da Magali, de Mauricio de Sousa.
São Paulo: Panini Comics/Mauricio de Sousa Editora. n. 47, out. 2014.

Por dentro do texto

1. O texto que você acabou de ler foi retirado de:
   - ◯ um livro.
   - ◯ uma revista em quadrinhos.
   - ◯ um jornal.

2. Qual é o título da história?

   ....

3. Assinale com um **X** os lugares onde a história acontece.
   - ◯ na casa da Magali
   - ◯ no teatro
   - ◯ no parque
   - ◯ na escola
   - ◯ na rua
   - ◯ na lanchonte
   - ◯ na entrada do cinema
   - ◯ na floresta
   - ◯ na biblioteca

4. Que tipo de filme Magali gostaria de assistir?

   ....

5. Que alimentos Magali comeu a caminho do cinema?
   - ◯ sorvete
   - ◯ amendoim
   - ◯ pipoca
   - ◯ maçã
   - ◯ hambúrguer
   - ◯ pirulito
   - ◯ melancia
   - ◯ salada
   - ◯ algodão-doce

6. Quando Magali pediu um pirulito, a mãe dela ficou:
   - ◯ triste.
   - ◯ contente.
   - ◯ irritada.

7. Por que a mãe da menina teve essa reação?

   ....

   ....

8 Assinale a coluna com a carinha que corresponde ao que você sente quando:

tira uma boa nota na prova.		
briga com um amigo.		
vai ao cinema.		
quebra um brinquedo.		
saboreia seu sorvete preferido.		

9 Magali conseguiu ir ao cinema com a mãe? Por quê?

....

10 Como foi gasto o dinheiro que seria usado para pagar o cinema?

....

....

11 Que palavra a mãe de Magali usou no lugar da palavra "dinheiro"?

( ) troco ( ) grana ( ) moeda

12 O que você achou do comportamento de Magali no caminho para o cinema?

....

....

Saiba mais

Evelson de Freitas/Agência Estado

Mauricio de Sousa nasceu em Santa Isabel, no interior de São Paulo, no dia 27 de outubro de 1935.

Desenhou seu primeiro personagem, o Capitão Picolé, quando tinha apenas 12 anos.

Criou mais de cem personagens, sendo os mais famosos os da Turma da Mônica. Seus quadrinhos são conhecidos em mais de cinquenta países e o artista já recebeu muitos prêmios por suas criações.

Aprendendo gramática

Ordem alfabética

1 Uma maneira de organizar uma lista de palavras ou de nomes é colocá-los em ordem alfabética. Você leu a história da Magali, uma personagem criada por Mauricio de Sousa. Leia o nome de outros personagens criados por ele.

Cascão	Anjinho	Bidu	Luca	Keika
Mônica	Sansão	Xaveco	Jeremias	Humberto
Zoiúdo	Quinzinho	Dudu	Ursinho Bilu	Niquinho
Pitoco	Franjinha	Giselda	Ogra	Vó Dita
Yoko	Rolo	Tina		

- Alguns desses nomes já estão ao lado da letra inicial. Complete a tabela com os outros personagens.

A	Anjinho
B	
C	
D	
E	
F	Franjinha
G	
H	
I	
J	
K	
L	Luca
M	

N	
O	
P	
Q	
R	
S	
T	
U	
V	Vó Dita
W	
X	
Y	Yoko
Z	Zoiúdo

2 O desenhista ainda não criou personagens com nomes iniciados com as letras E, I e W. Por isso, esses espaços ficaram em branco na atividade anterior. Agora o desenhista é você. Crie três personagens. Depois, dê para eles nomes iniciados com as letras E, I e W.

3 Como é organizada a lista de chamada dos alunos de sua classe?

4 O que mais você conhece que é organizado dessa maneira?

5 Observe o quadro e complete os espaços vazios. Na última coluna desenhe ou cole fotos que representem a palavra estudada.

Letra	Palavra	Significado	Imagem
A a		inseto que produz o mel	
B b	barco	embarcação pequena	
C c	cabeça	extremidade superior do corpo humano	
		prolongamento das mãos ou dos pés	
E e		fêmea do cavalo	
F f		personagem mágica presente em diversos contos infantis	
G g	gato		

Escrevendo certo

s e z em final de sílaba

Quando as letras **s** e **z** vêm no final da sílaba, elas são pronunciadas da mesma forma.

Veja:

> Enviei a**s** carta**s** e o carta**z** pelo correio.
> Feli**z**mente, a co**s**ta dessa praia está limpa.

- Leia as palavras do quadro. Depois, organize-as em duas colunas.

feliz	avestruz	ônibus	gás	cicatriz	mês	faz	mais
freguês	atrás	luz	depois	simples	fez	paz	
vírus	talvez	voz	rapaz	pires	noites	Beatriz	

Palavras terminadas em **s**	Palavras terminadas em **z**

Texto 2

Cardápio

Restaurante da Cidade

Massas .... R$ 22,90

- ✓ Espaguete com almôndegas
- ✓ Lasanha (frango ou presunto)
- ✓ Nhoque
- ✓ Canelone (queijo, espinafre, carne ou frango)
- ✓ Ravióli (queijo, espinafre ou carne)

Molhos

- ✓ À bolonhesa
- ✓ Quatro queijos
- ✓ Branco
- ✓ Picante

Saladas .... R$ 14,90

- ✓ Cenoura e beterraba com verduras variadas
- ✓ Queijo branco, grão-de-bico e verduras variadas
- ✓ Palmito, castanha-do-pará e verduras variadas

As saladas são servidas com molho de ervas finas ou vinagrete.

Sucos .... R$ 4,75

- ✓ Laranja, morango, abacaxi, melancia, pera, maçã, pêssego, limão, acerola, caju, manga, melão, açaí, tangerina, amora, banana, uva, mamão, maracujá e goiaba

Sopas .... R$ 16,90

- ✓ Batata com agrião e queijo
- ✓ Legumes e carne
- ✓ Mandioquinha e carne
- ✓ Canja
- ✓ Caldo verde

Grelhados .... R$ 10,90

- ✓ Filé de frango
- ✓ Filé de peixe
- ✓ Hambúrguer
- ✓ Espeto de carne
- ✓ Espeto de carne e frango

Acompanhamentos ...... R$ 5,00

- ✓ Arroz
- ✓ Purê de batatas
- ✓ Batata frita
- ✓ Feijão

Sobremesas .... R$ 8,90

- ✓ Salada de frutas
- ✓ Torta de limão
- ✓ Bolo de cenoura e chocolate

Por dentro do texto

1 Qual é o nome do restaurante de onde foi reproduzido esse cardápio?

....

2 Que informações importantes são encontradas nesse cardápio?

....

....

3 Que sopas são servidas no restaurante?

- ◯ batata com agrião e queijo
- ◯ feijão
- ◯ legumes e carne
- ◯ abóbora
- ◯ mandioquinha e carne
- ◯ macarrão de letrinhas
- ◯ canja
- ◯ queijo
- ◯ caldo verde
- ◯ ervilha

4 Complete as frases a seguir com as palavras do quadro.

saborosa	morango	filé de frango	lasanha	batata frita

a) A comida do Restaurante da Cidade é saudável e ....

b) Marina pediu .... grelhado, arroz e .... como acompanhamento.

c) Daniel tomou um suco de .... no Restaurante da Cidade.

d) Marcos gosta muito de massa, por isso comeu ....

Aprendendo gramática

Encontro vocálico

Leia o texto e observe as letras destacadas.

Os sonhos do Saci

Saci-Pererê
saracot**eia** na mata.
Saci-Pererê
só assusta, n**ão** mata.
Saci sirig**ai**ta,
solitár**io** e sabich**ão**.
Saci agarra a g**ai**ta
e toca uma canç**ão**.
Saci, lá no sít**io**,
apronta um sururu.
Saci, em s**eu** sonho,
dança o cururu.
Saci, em s**eu** sonho,
é m**ai**s serelepe.
Saci, em s**eu** sonho,
é bem m**ai**s risonho,
é bem m**ai**s moleque.
Saci, lá na selva,
salta e samba só.
Saci, lá na relva,
sonha que dá dó.
Com quem sonha o Saci?
Saci, com quem será?
— **Eu** sonho com
d**ua**s pernas, saltando
de lá pra cá...

Cantos de encantamento, de Elias José. Belo Horizonte: Formato, 2005.

Ilustrações: Ilustra Cartoon/Arquivo da editora

Observe:

As letras destacadas mostram o encontro de vogais. A ele damos o nome de **encontro vocálico**.

d**ua**s: **u** + **a** → encontro vocálico

1 Releia o poema **Os sonhos do Saci** e escreva as palavras em que aparecem os encontros vocálicos abaixo.

eia: ....

....

io: ....

....

ai: ....

....

ua: ....

....

ão: ....

....

eu: ....

....

2 No quadro abaixo estão os nomes das frutas usadas para fazer sucos no Restaurante da Cidade. Circule os encontros vocálicos.

laranja	morango	abacaxi	melancia	pera
maçã	pêssego	limão	acerola	caju
manga	melão	açaí	tangerina	amora
banana	uva	mamão	maracujá	goiaba

Agora observe o que acontece quando separamos as sílabas das palavras abaixo.

lim**ão**
li-m**ão** → As duas vogais desse encontro permanecem na mesma sílaba.
Chamamos esse encontro vocálico de **ditongo**.

melanc**ia**
me-lan-c**i-a** → As duas vogais desse encontro ficam em sílabas diferentes.
Chamamos esse encontro de **hiato**.

ig**uai**s
i-g**uai**s → As três vogais desse encontro permanecem na mesma sílaba.
Chamamos esse encontro de **tritongo**.

3 Separe as sílabas da palavra **saracoteia**: ....

- Essa palavra apresenta:

( ) um tritongo. ( ) um ditongo e um hiato.

Fique por dentro!

Encontro vocálico é a união de duas ou três vogais em uma palavra. Essas vogais podem estar na mesma sílaba ou em sílabas diferentes.

Ditongo é o encontro de duas vogais que permanecem juntas na mesma sílaba.

Hiato é o encontro de duas vogais que ficam em sílabas diferentes.

Tritongo é o encontro de três vogais que permanecem juntas na mesma sílaba.

4 Leia o texto abaixo e separe as sílabas das palavras destacadas.

> Você já **pensou** sobre a **convivência** entre as **pessoas**? Já **ouviu** falar em gentileza, **atenção** e **respeito**? Você sabe por que os adultos vivem ensinando como as **crianças** devem se comportar? [...]
>
> Você já **notou** como as pessoas **reagem** quando são tratadas com atenção e **cortesia**? Como você acha que elas se sentem?
>
> **"Com licença?": aprendendo sobre convivência**, de Brian Moses. São Paulo: Scipione, 1999.

....

....

....

- Agora sublinhe as palavras destacadas que têm ditongo e circule as que têm hiato.

5 Leia esta frase:

> Meu pai trouxe do Paraguai dois pares de tênis iguais.

a) Copie as palavras em que há ditongo.

....

b) Copie as palavras em que há tritongo.

....

6 Separe as palavras em sílabas. Depois organize-as nas colunas correspondentes.

Uruguai: ....

saúde: ....

biscoito: ....

dourado: ....

chapéu: ....

enxaguei: ....

viagem: ....

saída: ....

Ilustra Cartoon/Arquivo da editora

Ditongo	Hiato	Tritongo
....	....	....
....	....	....
....	....	....
....	....	....

Escrevendo certo

d, t; f, v

1 Leia o poema em voz alta e observe as palavras destacadas.

Procura-se vivo ou **morto**
um sapo **de estimação**
que morava no **jardim** em **frente**.
Puxa **vida**! Era um sapo **tão sabido**
que **até** piscava o olho pra **gente**.
Mas o jardim acabou,
virou **supermercado**,
e o sapo, **coitado**...
Será que alguém come sapo **enlatado**?

Ilustra Cartoon/Arquivo da editora

Classificados poéticos, de Roseana Murray. São Paulo: Moderna, 2010.

- Copie as palavras destacadas no texto, separando-as nas colunas abaixo.

Palavras com		
t	**d**	**t e d**
....	....	....
....	....	....
....	....	....
....	....	....
....	....	....
....	....	....

2 Complete o nome das figuras com **t** ou **d**.

ves......i......o 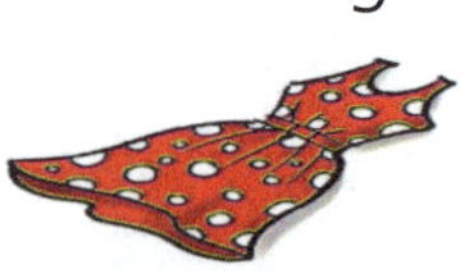

......aman......uá 

apon......a......or 

bo......e 

Ilustrações: Kanton/Arquivo da editora

3 Complete as frases a seguir com as palavras do quadro.

vila	foto	fila	voto

a) O .... consciente é muito importante nas eleições.

b) Coloquei a .... da minha família em um porta-retratos na sala.

c) Daniel mora em uma bela .... com seus pais e avós.

d) Ontem Edu ficou muito tempo na .... para entrar no ônibus.

4 Encontre no diagrama o nome de seis animais que tenham a letra **f** ou **v**. Depois escreva os nomes na coluna adequada.

F	O	R	M	I	G	A	I	P	O	I	B	A	B	G
T	H	B	D	C	F	H	Q	A	H	K	F	N	Z	A
N	M	H	R	F	P	O	L	V	O	V	O	N	M	V
A	Z	X	C	G	V	D	F	E	F	W	C	M	U	I
C	A	V	A	L	O	Z	A	Q	W	E	A	D	F	Ã
G	Q	J	S	I	R	A	G	A	I	U	T	Y	B	O
K	L	S	G	I	R	A	F	A	O	S	W	Z	W	L

Nomes com a letra **f**	Nomes com a letra **v**
....	....
....	....
....	....

Texto 3

Picolés

Esta é uma boa maneira de ver a passagem do estado líquido para o sólido.

Ingredientes

- Um pouco de suco de uva ou groselha (você pode tentar fazer com alguma fruta vermelha, como morango).
- Suco de maçã

Elena Shashkina/Shutterstock/Glow Images

Utensílios

- Potinhos de iogurte vazios
- Palitos de sorvete ou colheres de plástico
- Congelador ou *freezer*

1. Pegue alguns potinhos de iogurte vazios e limpos. Você precisará da mesma quantidade de palitos de sorvete ou colheres de plástico para colocar um em cada [pote]. Despeje suco de uva ou groselha até a metade do pote. Repita o processo com os outros potes. Você pode começar pelo suco de maçã, em alguns potes, assim terá picolés de listras variadas.
2. Coloque os potinhos no *freezer* até congelar — mais ou menos 4 horas. Retire-os, distribua os palitos pelos potes e despeje o suco de maçã por cima do suco de uva (ou o suco de uva por cima do suco de maçã), até preencher quase tudo. Não encha até a borda!
3. Leve os potes novamente para o *freezer* e espere mais 4 horas, até congelar. Quando os picolés ficarem prontos, você deve passar cada potinho embaixo da água para ajudar a desenformar (tirar os potinhos). Para sair mais fácil, peça para um adulto fazer um corte no potinho e você pode rasgar o resto até sair tudo.

Reprodução/Publifolha

Minhas aulas de culinária, de Amanda Grant. Tradução de Roberta Braga. São Paulo: Publifolha, 2011. (Texto adaptado.)

Por dentro do texto

1. O texto que você acabou de ler é uma:

   ◯ carta.　◯ receita.　◯ história.

2. Marque um **X** nos ingredientes que são usados nessa receita.

   ◯ suco de maçã　◯ iogurte

   ◯ suco de laranja　◯ suco de uva ou groselha

3. O modo de fazer a receita está fora de ordem. Enumere os trechos abaixo de forma que a receita fique na ordem certa.

◯ "Leve os potes novamente para o *freezer* e espere mais 4 horas, até congelar. Quando os picolés ficarem prontos, você deve passar cada potinho embaixo da água para ajudar a desenformar (tirar os potinhos). Para sair mais fácil, peça para um adulto fazer um corte no potinho e você pode rasgar o resto até sair tudo."

◯ "Pegue alguns potinhos de iogurte vazios e limpos. Você precisará da mesma quantidade de palitos de sorvete ou colheres de plástico para colocar um em cada [pote]. Despeje suco de uva ou groselha até a metade do pote. Repita o processo com os outros potes. Você pode começar pelo suco de maçã, em alguns potes, assim terá picolés de listras variadas."

◯ "Coloque os potinhos no *freezer* até congelar — mais ou menos 4 horas. Retire-os, distribua os palitos pelos potes e despeje o suco de maçã por cima do suco de uva (ou o suco de uva por cima do suco de maçã), até preencher quase tudo. Não encha até a borda!"

4. O que pode acontecer se a receita não for seguida corretamente?

Aprendendo gramática

Encontro consonantal

Leia novamente parte da receita de picolés, prestando atenção nas palavras destacadas.

> "Pegue alguns potinhos de iogurte vazios e limpos. Você **precisará** da mesma quantidade de palitos de sorvete ou colheres de **plástico** para colocar um em cada [pote]. Despeje suco de uva ou groselha até a metade do pote."

Nas palavras **plást**ico e **pr**ecisará há duas consoantes juntas. Ambas são pronunciadas. Elas formam um **encontro consonantal**.

Veja outros exemplos de encontros consonantais:

Consoante + l			Consoante + r		
bl →	blusa →	blu-sa	**br** →	cobra →	co-bra
cl →	claro →	cla-ro	**cr** →	cravo →	cra-vo
fl →	flores →	flo-res	**dr** →	dragão →	dra-gão
gl →	globo →	glo-bo	**fr** →	frasco →	fras-co
pl →	placa →	pla-ca	**gr** →	grade →	gra-de
tl →	atleta →	a-tle-ta	**pr** →	prato →	pra-to
vl →	Vladimir →	Vla-di-mir	**tr** →	trave →	tra-ve
			vr →	livre →	li-vre

Os encontros formados de **consoante + l** e **consoante + r** não podem ser separados, isto é, as duas consoantes ficam sempre na mesma sílaba.

Também há encontros consonantais em que as consoantes ficam em sílabas diferentes. Por exemplo: alface (a**l**-**f**a-ce), advogado (a**d**-**v**o-ga-do), teste (te**s**-**t**e).

1 Circule os encontros consonantais das palavras do quadro. Depois complete as placas com essas palavras.

Proibido	bravo	grama	Cruze

.... a rua com cuidado.

Não pise na ....

.... estacionar.

Cuidado! Cão ....

2 Escreva cada palavra do quadro no espaço apropriado.

praça	placa	bicicleta	criança	avião
flores	atleta	pinheiro	animais	rio

Ilustra Cartoon/Arquivo da editora

- Distribua no quadro as palavras que você escreveu na atividade anterior prestando atenção no encontro das letras.

Encontro vocálico	Encontro consonantal	Encontro vocálico e encontro consonantal
....	....	....
....	....	....
....	....	....
....	....	....
....	....	....

Dígrafo

Leia em voz alta e compare os grupos de palavras abaixo.

brigadeiro
bloco
placa

formi**nh**as
cacho**rr**o
baca**lh**au

No primeiro grupo, as consoantes destacadas são pronunciadas. Elas formam **encontros consonantais**.

No segundo grupo, as consoantes destacadas representam um único som. Elas formam **dígrafos**.

Releia abaixo um trecho da receita de picolés da página 28. As letras destacadas são dígrafos.

> "1. Pe**gu**e alguns poti**nh**os de iogurte vazios e limpos. Você precisará da mesma quantidade de palitos de sorvete ou co**lh**eres de plástico para colocar um em cada [pote]."

Dígrafos são grupos de letras usados para representar um único som. São dígrafos: **ch**, **lh**, **nh**, **rr**, **ss**, **sc**, **sç**, **xc**, **gu** e **qu**.

1 Para descobrir a resposta para a adivinha, leia os versos e complete os espaços com dígrafos.

Ela mergu.................a no rio
E o almoço logo apa.................a:
Um bom peixe saboroso,
Um dourado ou uma pira.................a.
Quem é essa pescadora?
O seu nome é... arira.................a

Joe McDonald/Shutterstock/Glow Images

Onça, veado, poesia e bordado, de Fábio Sombra. São Paulo: Moderna, 2013.

2 Complete o nome das figuras com as sílabas que faltam.

a-ra-.................

Photocreo Michal Bednarek/Shutterstock/Glow Images

es-pe-.................

Evgeny Tomeev/Shutterstock/Glow Images

.................-ve

Feng Yu/Shutterstock/Glow Images

- Complete a frase abaixo com a informação correta.

  As consoantes dos dígrafos ...., ... e .... sempre ficam na mesma sílaba.

3 Circule os dígrafos das palavras abaixo.

carro	pássaro	carrossel

- Separe as sílabas dessas palavras e, depois, complete a frase a seguir com a informação que está faltando.

  ....

  ....

  Na separação silábica, as consoantes dos dígrafos .... e .... ficam em sílabas diferentes.

Escrevendo certo

h inicial; ch; nh; lh, l

1 Leia as frases abaixo e observe as palavras destacadas.

a) O **homem** estava de bom **humor**.

b) Seus **olhos brilharam** de alegria ao ver o amigo.

c) O **passarinho** construiu seu **ninho** naquela árvore.

d) O **chocolate** do menino caiu no **chão**.

- Organize as palavras destacadas copiando-as nas colunas certas.

Palavras com **h inicial**	Palavras com **nh**	Palavras com **ch**	Palavras com **lh**
....	....	....	....
....	....	....	....

A letra **h** forma dígrafo quando acompanhada das consoantes **n**, **c** e **l**. Cada um desses dígrafos representa um som.

2 Escreva o nome de cada figura e, depois, separe as sílabas das palavras.

....

....

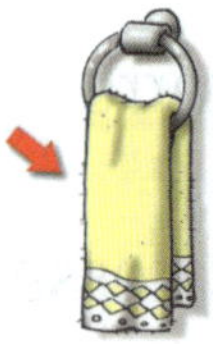

....

....

Ilustrações: Kanton/Arquivo da editora

....

....

- Na separação silábica, o **h** fica:

( ) separado das letras **c**, **l** e **n**.

( ) junto com as letras **c**, **l** e **n**.

3 Acrescente a letra **h** às palavras e forme novas palavras. Veja o exemplo:

fila →	filha	galo →	....
fica →	....	pino →	....
sono →	....	vela →	....

4 Leia, em voz alta, os pares de palavras abaixo.

julho	→	Júlio	galhinho	→	galinho
folha	→	folia	olho	→	óleo

- Distribua essas palavras em dois grupos, de acordo com as indicações do quadro.

Palavras com **l**	Palavras com **lh**
....	....
....	....
....	....
....	....

5 Reescreva as palavras substituindo as figuras por **lh** ou **l**.

✸ **l** ● **lh**

Cecí✸ia	fi●a	conse●o
....	....	....
utensí✸io	ve●inha	Brasí✸ia
....	....	....
bata●a	imobi✸iária	mo●ado
....	....	....

Texto 4 Lancheira saudável

OED

Na hora de montar o lanche, aprenda a escolher quitutes que, além de deliciosos, fazem bem para sua saúde

Triiiim... O sinal anuncia o recreio e logo começa a agitação. Afinal, é hora de brincar e lanchar! Humm! Se você já começou a salivar pensando em biscoitos recheados ou *pizzas*, saiba que, apesar de gostosas, essas comidas não são as mais indicadas para nossos lanches diários.

"Esses alimentos são de alto valor calórico e baixo valor nutritivo", alerta a nutricionista Maria Lucia Polônio, professora da Universidade Federal do Estado do Rio de Janeiro (Unirio). Em outras palavras, eles possuem muitas calorias — que são fundamentais para termos energia, mas que, em excesso, podem nos trazer uns quilinhos a mais — e poucos nutrientes como vitaminas e minerais.

Um lanche saudável deve ter valor calórico moderado e valor nutritivo bem alto. Encontramos essas características em alimentos como frutas, legumes, verduras e cereais. Mas não vá desde já torcer o nariz: as comidas saudáveis, ao contrário do que muita gente pensa, podem ser muito saborosas. Que tal experimentar?

Ilustra Cartoon/Arquivo da editora

"O comportamento alimentar é desenvolvido pela repetição", explica Maria Lucia. Isso quer dizer que podemos estranhar alguns alimentos quando os provamos pela primeira vez, mas, com o passar do tempo, nos acostumamos com o sabor e passamos até a achá-los gostosos. O oposto também acontece — ou seja, podemos passar a consumir menos determinada guloseima e, assim, acabar perdendo o interesse por ela.

Comer nas horas certas ao longo do dia pode ser uma boa estratégia para manter uma alimentação saudável. "Crianças que estudam de manhã devem fazer um café da manhã balanceado e as que estudam à tarde devem comer um bom almoço", sugere a também nutricionista e professora da Unirio Sandra Pereira. "Assim, na hora do lanche, elas não vão estar com tanta fome e tenderão a comer menos". [...]

Mesmo gostando de alguns alimentos mais do que de outros, mantenha uma alimentação balanceada e garanta sua saúde — assim, não vai ter problema comer *pizza* ou biscoito de vez em quando!

Lancheira saudável, de Fernanda Turino. **Ciência Hoje das Crianças**. Disponível em: <http://chc.cienciahoje.uol.com.br/lancheira-saudavel>. Acesso em: 31 mar. 2015.

Reprodução/<http://chc.cienciahoje.uol.com.br/lancheira-saudavel>

Por dentro do texto

1 O texto que você acabou de ler foi retirado de:

( ) um livro. ( ) um *site*. ( ) um cartaz.

2 Qual é o título do texto?

....

3 Assinale com um **X** a alternativa que corresponde ao assunto do texto.

( ) A importância de praticar esportes.

( ) A importância de usar filtro solar.

( ) A importância de fazer uma alimentação saudável.

4 Marque com um **N** os alimentos mais nutritivos e com **C** os mais calóricos.

( ) macarrão

( ) maçã

( ) alface

( ) *pizza*

( ) abóbora

( ) biscoito recheado

5 Qual é a importância de comer alimentos calóricos?

....

6 Por que não se deve comer alimentos calóricos em excesso?

....

....

....

....

7 Complete a frase retirada do texto com as palavras do quadro abaixo:

manhã almoço café da manhã estudam

"Crianças que estudam de .... devem fazer um .... balanceado e as que .... à tarde devem comer um bom .... "

8 Encontre no diagrama o nome de cinco frutas.

O	H	P	M	V	D	O	H	Ç	A	R	A	C	L
R	Y	F	A	G	Ã	O	G	O	I	A	B	A	A
E	J	V	Ç	G	H	Z	D	G	C	P	E	D	R
C	P	D	Ã	C	P	E	R	A	A	E	W	U	A
Z	A	N	Y	A	M	O	R	W	R	I	J	N	N
O	R	Ç	I	W	Y	E	R	A	T	S	P	N	J
L	T	H	B	A	N	A	N	A	U	O	V	E	A

9 Qual é a sua fruta preferida?

....

10 O que você gosta de comer no café da manhã? E de beber?

....

....

11 Você considera o seu café da manhã saudável? Por quê?

....

....

12 Converse com os colegas sobre a seguinte questão: Vocês acham importante se alimentar bem ao acordar de manhã? Por quê?

Aprendendo gramática

Sílaba, divisão silábica e número de sílabas

Leia esta palavra lentamente: **alimentação**.

Você percebeu que, ao pronunciar a palavra, dividiu-a em várias partes?

Cada parte da palavra pronunciada de uma só vez é chamada de **sílaba**. Veja: **a-li-men-ta-ção**.

> **Sílaba** é um som ou um grupo de sons pronunciado de uma só vez.

Para dividir corretamente as palavras em sílabas, é bom saber o seguinte:

não são separados

os ditongos:
cha-m**ou**

os tritongos:
Pa-ra-g**uai**

os dígrafos **ch**, **nh**, **lh**, **gu** e **qu**:
a-**ch**ei, te-**nh**o, ve-**lh**o, li-**gu**ei, ar-**qu**i-vo

os encontros consonantais formados por **consoante + r**:
brin-que-do

os encontros consonantais formados por **consoante + l**:
pla-no

são separados

os hiatos:
vi-**o**-la

os dígrafos **ss**, **rr**, **sc**, **sç** e **xc**:
e**s**-**s**a, a**r**-**r**is-car, na**s**-**c**er, na**s**-**ç**o, e**x**-**c**e-der

Na língua escrita, separamos as sílabas quando é necessário dividir uma palavra no final da linha. Veja isso no texto ao lado.

Roberto prepara a lan-
cheira de seu filho Pedro
todos os dias.

Agora observe:

Julia Ivantsova/Shutterstock/ Glow Images

pão — 1 sílaba

Artur Synenko/Shutterstock/ Glow Images

ma-çã — 2 sílabas

Ian 2010/Shutterstock/ Glow Images

ca-chor-ro — 3 sílabas

Alex Staroseltsev/ Shutterstock/Glow Images

te-le-fo-ne — 4 sílabas

As palavras são classificadas de acordo com o número de sílabas. Quando a palavra tem:

- 1 sílaba, é chamada de **monossílabo**;
- 2 sílabas, é chamada de **dissílabo**;
- 3 sílabas, é chamada de **trissílabo**;
- 4 ou mais sílabas, é chamada de **polissílabo**.

- Preencha o quadro seguindo o exemplo.

Palavra	Divisão silábica	Número de sílabas	Classificação
dias	*di-as*	*2*	*dissílabo*
pedido			
vi			
computador			
sem			
outro			

Escrevendo certo

s, ss

1 Leia as palavras abaixo e compare o som das letras destacadas.

1	2	3	4	5
sacola **s**inal	conden**s**ado	bra**s**ileira mú**s**ica	pa**ss**eio suce**ss**o	fe**s**ta**s** trê**s**

a) Em que posição a letra **s** pode estar em uma palavra?

....

b) Em qual coluna há palavras cujo **s** tem som **zê**?

....

c) Há palavras iniciadas com **ss**?

....

2 Leia esta informação:

> Para representar o som **sê**, quando o **s** está entre vogais, é necessário repeti-lo (pe**ss**oa). Quando o **s** é antecedido por uma consoante, usa-se apenas um **s** (conver**s**ar).

- Complete as palavras com **s** ou **ss**.

a..........obio	pa..........eio	can..........ado
en..........aboar	con..........elho	discu..........ão
can..........eira	ma..........agem	en..........aio
en..........opado	ver..........o	men..........agem

3 O que é, o que é? Descubra as respostas e escreva-as.

Personagem do folclore brasileiro de uma perna só. Seu nome começa com a letra **s**.

....

Grande réptil que viveu na Terra há milhões de anos. Tem **ss** em seu nome.

....

É o mesmo que moradia. Em seu nome, o **s** tem som **zê**.

....

4 Escreva as palavras que o professor vai ditar.

.... corpo possui

.... e músculos.

A maioria dos vegetais

nasce de ....

Antes de .... a divisão,

.... pensou muito.

A .... de dona

Rosa é ....

O livro **A** .... é

muito ....

O tema é...

A importância de uma alimentação saudável

Por que temos de comer?

[...] Bem alimentados, somos mais dispostos, temos mais interesse em trocar experiências com os outros, somos capazes de pensar melhor sobre o que acontece nas nossas vidas, somos até mais bem-humorados. Já em pessoas com alimentação deficiente, é comum o desânimo, até mesmo certa tristeza.

Isso sem falar na sensação de fraqueza, na dificuldade em prestar atenção, na pouca disposição para brincar ou praticar exercícios e, também, na maior dificuldade do organismo para se defender das doenças. Portanto, temos de comer bem. Mas alguém aí sabe qual é a alimentação ideal?

Para os especialistas em nutrição, a boa alimentação é aquela que equilibra os nutrientes de que o corpo necessita. No nosso caso, inclui: carboidratos (pães, massas, batatas), vitaminas e sais minerais (frutas, legumes e verduras), proteínas (carnes, ovos e leite) e lipídeos (azeite, manteiga e óleos). Ao longo do dia, é preciso combinar esses grupos de alimentos para evitar qualquer deficiência. [...]

monticello/Shutterstock/Glow Images

Por que temos de comer?, de Mônica Valle de Carvalho. **Ciência Hoje das Crianças**. Disponível em: <http://chc.cienciahoje.uol.com.br/por-que-temos-de-comer/>. Acesso em: 2 fev. 2015.

- Qual é a importância de uma boa alimentação?
- Você acha que todas as pessoas conseguem ter uma alimentação como a sugerida pelos nutricionistas? Por quê?

A pirâmide abaixo foi montada especialmente para quem tem entre 7 e 14 anos.

Grupo alimentar	Porção diária
Cereais, pães, tubérculos e raízes (1)	5
Verduras, legumes e frutas (2)	3
Leites, queijos e iogurtes (3)	3
Carnes e ovos (3)	2
Feijões (3)	1
Óleos, gorduras, açúcares e doces (4)	1

Sociedade Brasileira de Pediatria. Disponível em: <www.sbp.com.br/pdfs/14297e1-cartaz_Piramide.pdf>. Acesso em: 3 fev. 2015.

- Você tem uma alimentação equilibrada como a pirâmide propõe?

Ilustrações: Ilustra Cartoon/Arquivo da editora

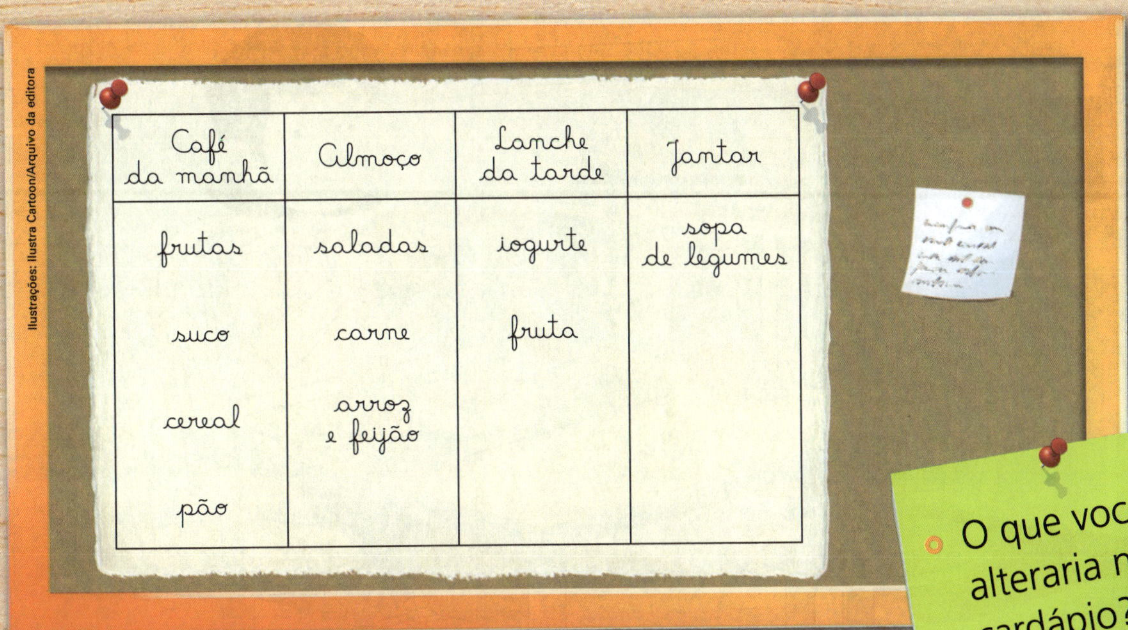

- O que você alteraria neste cardápio?

Texto 5

Eu adoro, mas meus pais...

Eu adoro ir para a lanchonete, tomar refrigerante e comer hambúrguer e batata frita. Se pudesse, ia todo dia, no café, no almoço e no jantar. Não ia ser o máximo?

Meus pais detestam que eu tome refrigerante e coma hambúrguer e batata frita. Só vou à lanchonete uma vez por semana. No sábado. No domingo, a gente almoça na casa de minha avó.

Eu sei que meus pais têm um pouco de razão. Hambúrguer não é uma comida supersaudável. Batata frita todo dia ia me deixar uma bola. E, depois, a gente tem que aprender a comer de tudo, porque, senão, o que é que vou comer no dia em que não existir mais hambúrguer?

Eu detesto verduras e legumes. Acho a coisa mais sem graça deste mundo. Parece tudo capim. E tem umas verduras amargas e outras com gosto esquisito. Só como tomate, pepino e cenoura porque gosto das cores.

Ilustra Cartoon/Arquivo da editora

Meus pais adoram verduras. Mamãe sempre começa o almoço comendo uma saladinha. Ela chama a salada de saladinha como se fosse uma coisa muito fofa. Até parece! E meu pai come salada e legumes porque diz que não quer engordar, mas eu sei que foi o médico que mandou ele comer mais verduras.

Médico adora mandar comer coisas sem graça... Quer dizer, médico manda comer o que é saudável. Na escola, a gente aprendeu por que as verduras e os legumes são importantes e devem fazer parte da nossa alimentação. Eles nos ajudam a ter um bom **desenvolvimento**... Mas será que não dá para substituir as verduras e os legumes por outra coisa?

Eu adoro, mas meus pais..., de Guila Azevedo. São Paulo: Larousse Júnior, 2011.

Reprodução/Editora Larousse Júnior

desenvolvimento: crescimento.

Ilustra Cartoon/Arquivo da editora

Por dentro do texto

1. Quem narra a história lida é:

( ) um adulto. ( ) uma criança.

2. No início do texto a narradora conta que adora ir para a lanchonete.

a) O que ela vai fazer lá?

....

b) Ela vai sempre que quer? Justifique sua resposta.

....

3. O que seria o máximo para a narradora se ela pudesse fazer?

....

4. Escreva o que a narradora faz nos dias da semana indicados.

Sábado: ....

Domingo: ....

5. Em que a narradora acha que os pais têm um pouco de razão?

....

....

6. Complete o quadro abaixo de acordo com o texto.

ADORO

....

....

....

DETESTO

....

....

....

Ilustrações: Ilustra Cartoon/Arquivo da editora

7 Assinale com um **X** a alternativa que contém o que a narradora come porque gosta das cores.

( ) 

( ) 

( ) 

Ilustrações: Ilustra Cartoon/ Arquivo da editora

8 De que forma a mãe da narradora sempre começa o almoço?

....

9 Releia este trecho:

> “Ela chama a salada de saladinha como se fosse uma coisa **muito fofa**. Até parece!”

a) A quem se refere a palavra **ela**?

....

b) O que significa a expressão destacada?

....

c) Na opinião da narradora a saladinha não parece uma coisa fofa. Que expressão ela usa, ironicamente, falando o contrário?

....

10 Segundo o texto, por que as verduras e os legumes devem fazer parte da nossa alimentação?

....

....

11 Converse com os colegas sobre o que vocês mais gostam de comer. Alguém tem o hábito de comer frutas, verduras e legumes diariamente?

Aprendendo gramática

Sílaba tônica

Leia as palavras retiradas do texto em voz alta e repare qual sílaba é pronunciada com mais força.

batata	café	sábado
ba **ta** ta	ca **fé**	**sá** ba do

A sílaba pronunciada com mais força é chamada de **sílaba tônica**.

A sílaba tônica varia de posição de acordo com a palavra. Ela pode ser:

- a última sílaba da palavra → ca **fé**

> Quando a sílaba tônica é a última, como em **café**, dizemos que a palavra é **oxítona**.

- a penúltima sílaba da palavra → ba **ta** ta

> Quando a sílaba tônica é a penúltima, como em **batata**, dizemos que a palavra é **paroxítona**.

- a antepenúltima sílaba da palavra → **sá** ba do

> Quando a sílaba tônica é a antepenúltima, como em **sábado**, dizemos que a palavra é **proparoxítona**.

1 Leia a cantiga a seguir em voz alta e circule a sílaba tônica das palavras.

Pulga toca flauta
perereca, violão,
piolho pequenino
também toca rabecão.

Cantiga popular

- Distribua as palavras da cantiga no quadro abaixo, colocando uma sílaba em cada quadrinho, de modo que as sílabas tônicas sempre fiquem no quadro amarelo. Veja o exemplo.

Ilustra Cartoon/Arquivo da editora

		pul	ga

2 Separe as sílabas das palavras abaixo. Depois, circule a sílaba tônica e escreva se a palavra é **oxítona**, **paroxítona** ou **proparoxítona**. Veja o exemplo.

árvore: ár-vo-re — proparoxitona

floresta: ....

você: ....

açúcar: ....

anzol: ....

sábado: ....

Escrevendo certo

ch, x

1 Leia a frase abaixo em voz alta e observe o som das letras em destaque.

Ele se **ch**ama Ale**x**andre.

- Agora complete a afirmação.

  As letras **ch** e **x** nas palavras .... e .... apresentam som ....

2 Leia e divirta-se com esta história. Depois, circule os nomes de bichos que têm **x**.

A lagartixa e o cachorro

— Olha lá como escreve meu nome! — gritou a lagartixa.

— Desculpe, achei que fosse com "ch". — respondeu o cachorro.

— Como com "ch"? — se espantou a lagartixa.

— Ué! Achei que todo bicho fosse com "ch", já que bicho se escreve com "ch". — explicou o cachorro. — Eu sou com "ch", achei que os outros bichos também seriam. — disse o cachorro.

— Ah! Só porque o seu nome se escreve com "ch" você acha que todos os bichos são com "ch"? E onde você colocaria o "ch" no elefante ou na cobra? — quis saber a lagartixa.

— É, pensando bem, só os bichos com som de "xis" é que deveriam ser com "ch". — disse o cachorro.

— Mas existem muitos bichos com som de "xis", que são escritos com "x", contou a lagartixa.

— Não conheço nenhum. — falou o cachorro.

— Olha, tem o xerelete, que é um peixe: o ximango, que é uma espécie de gavião; o xué, que é uma espécie de sapo... Todos estes bichos com a letra "x".

— Poxa, você sabe cada coisa! Tem bicho de que eu nunca ouvi falar! — disse o cachorro.

— Deixe eu ver sua lista. Olha, rouxinol também é com "x". — corrigiu a lagartixa.

— Então esta minha lista está errada e incompleta. Acho melhor fazer outra e colocar estes bichos de que você falou. Mas, o que eu faço com esta lista? — perguntou o cachorro.

— Do jeito que está é melhor jogar no lixo! — respondeu a lagartixa.

— E lixo é com "x" ou com "ch"? — perguntou o cachorro.

Histórias que os bichos gostam de contar, de Luiz Eduardo de Castro Neves. Rio de Janeiro: Odisseia, 2013.

3 Responda à última pergunta feita pelo cachorro.

....

....

4 O que é, o que é? Escreva a resposta das adivinhas. **Dica**: use somente palavras com **ch**.

a) É levada nas costas com material escolar. ....

b) Falar bem baixinho. ....

c) Personagem da história que você acabou de ler (tem quatro patas).

....

d) Objeto usado para abrir a porta. ....

De olho no dicionário

1 Leia o texto a seguir.

Falar e escrever

A língua falada não é igual à língua escrita, porque escrever é bem diferente de falar.

Quando falamos, nossos gestos e o modo de **pronunciar** as palavras ajudam as outras pessoas a entender o que estamos dizendo.

Quando escrevemos, não temos essa ajuda. Usamos somente as letras das palavras e outros sinais da escrita.

MiniLarousse da língua portuguesa, de Maria Fernandes. São Paulo: Larousse Júnior, 2004.

Ilustra Cartoon/Arquivo da editora

2 Leia abaixo o verbete referente à palavra **pronunciar**.

■ **pronunciar** *v.* pro-nun-ci-ar. **1.** Exprimir com a voz. Ex.: *Os acentos mostram como se devem pronunciar algumas palavras.* **2.** Ler em voz alta e clara. Ex.: *O prefeito pronunciou seu discurso na posse.* **3.** Falar com autoridade. Ex.: *O juiz pronunciará a sentença amanhã.*

Dicionário ilustrado de Português, de Maria Tereza Camargo Biderman. São Paulo: Ática, 2009.

Fique por dentro!

Chamamos de **verbete** o conjunto de informações sobre cada palavra de um dicionário.

a) Agora copie o significado da palavra **pronunciar** correspondente ao que aparece no texto da atividade **1**.

....

b) Escreva o que você entende por "exprimir com a voz". Se for preciso, consulte um dicionário e veja o significado de **exprimir**.

....

....

3 No texto que você leu nas páginas 52 e 53, o cachorro estava em dúvida sobre nomes de animais escritos com **x** e **ch**. Uma boa maneira de descobrir a forma correta de escrever uma palavra é procurar por ela no dicionário. Procure as seguintes palavras no dicionário e complete-as com as letras que estão faltando.

dei.........ar

en.........ugar

en.........ada

ca.........imbo

ca.........oeira

en.........urrada

ca.........o

co.........ilo

a) Agora organize essas palavras no quadro a seguir.

Palavras escritas com **x**	Palavras escritas com **ch**
....	....
....	....
....	....
....	....

b) Assinale com um **X** a alternativa correta: o som das letras que você usou para completar as palavras é igual ou diferente?

( ) igual

( ) diferente

4 Você achou importante consultar o dicionário para saber como se escreve as palavras da atividade **3**? Por quê?

....

....

....

Ideias em ação

Livro de receitas saudáveis

Nesta Unidade você aprendeu a importância de uma alimentação saudável.

Que tal agora escrever um livro de receitas saudáveis com seus colegas?

Leia a receita abaixo para se lembrar da estrutura dessa produção textual.

Receita de sanduíche do bem

Ingredientes

Duas fatias de pão integral

Uma fatia de pão branco

Uma colher de sopa de ketchup

Uma colher de sopa de mostarda

Duas colheres de sopa de requeijão

Uma rodela de tomate

Azeitonas picadas

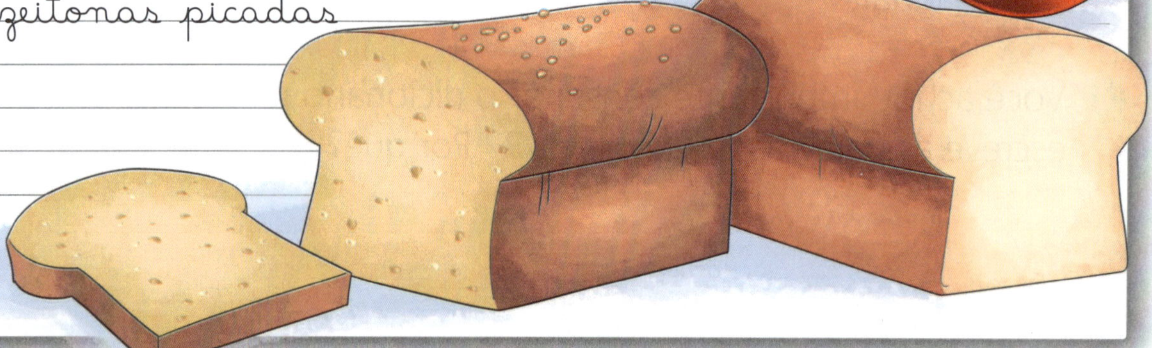

Ilustrações: Ilustra Cartoon/Arquivo da editora

Como fazer

1. Misture uma colher de sopa de requeijão com ketchup e passe sobre uma fatia de pão integral.

2. Coloque uma rodela de tomate e cubra com uma fatia de pão branco.

3. Misture requeijão com mostarda e espalhe sobre o pão branco.

4. Coloque azeitonas e cubra com pão integral.

Ilustra Cartoon/Arquivo da editora

Almanaque Ática-Recreio. São Paulo: Ática, 2011.

Planejando suas ideias

Converse com os adultos que moram com você e peça dicas de receitas práticas como as que você aprendeu nesta Unidade.

Procure saber quais são os ingredientes necessários para preparar cada receita e a maneira de fazê-la.

Escolha a mais saudável delas.

Rascunho

Escreva a receita escolhida por você nas páginas de rascunho do **Caderno de produção de texto**.

Revisando suas ideias

Retome os pontos do planejamento e do rascunho para saber se você não se esqueceu de nenhum detalhe da sua receita. Peça ao professor que leia o seu texto e oriente-o em como melhorá-lo.

Texto final

Agora, reescreva a sua receita fazendo as correções necessárias. Use as páginas do **Caderno de produção de texto** para registrar seu texto finalizado. A receita pode ser ilustrada com desenhos feitos por você. Depois tire cópia da receita ou digite-a e imprima-a. Junte-a com as receitas dos colegas, colocando todas elas em ordem alfabética. Não se esqueçam de montar um sumário e fazer a capa do livro de receitas.

UNIDADE 2

Baú de histórias

Vamos conversar?

- Você gosta de ler e ouvir histórias?
- Quais são as suas histórias preferidas?
- Quem costuma ler ou contar histórias para você?

O que vou estudar?

- Acento agudo e acento circunflexo
- Til e cedilha
- Sinais de pontuação
- Substantivos: comum, próprio e coletivo

Ilustra Cartoon/Arquivo da editora

Texto 1

O gato de botas

Um velho lavrador morreu e deixou uma pobre herança para seus três filhos. Um burro para o mais velho, uma carroça para o do meio e para o mais novo um gato e um par de botas. Antes que o jovem pudesse reclamar, o gato disse-lhe:

— Com essas botas eu farei sua fortuna.

O jovem, que nada tinha a perder, deu as botas ao gato. As botas eram mágicas e permitiam ao gato andar e agir com rapidez e esperteza.

Sua primeira ação foi levar presentes para o rei, em nome do marquês de Carabás, seu amo e senhor. O rei foi se encantando com os presentes trazidos por aquele simpático gato, em nome do marquês.

Um dia, junto de sua bela filha, decidiu conhecer o marquês para agradecer-lhe os presentes.

O filho do pobre lavrador desesperou-se.

— O que vou fazer? O rei vai me matar quando descobrir a brincadeira!

— Não, meu senhor. Faça o que eu pedir e tudo sairá bem. Vá para o lago, tire a roupa e entre na água.

O jovem fez o que o gato pediu. Quando o rei e a filha passavam perto do lago, o gato começou a gritar, dizendo que haviam roubado a roupa do marquês. O rei imediatamente ordenou que buscassem no seu castelo roupas belíssimas para o marquês. O gato continuou seu plano e recomendou a todos:

— Vou preparar o castelo do marquês para recebê-lo, majestade. Aproveitem a caminhada...

E foi ligeiro, dando passos largos com as botas mágicas em direção ao castelo do bruxo Bruxildo.

O bruxo era conhecido na região por suas maldades e violências. Ninguém se atrevia a enfrentá-lo. Ninguém... a não ser o gato de botas.

Ele precisava do castelo para receber o rei. Por isso, não teve outra saída senão enfrentar o bruxo, não pela força e violência, mas com inteligência.

— Ei, Bruxildo. Todos aqui sabem e falam de sua valentia e sabedoria...

— E é verdade. Posso ter tudo o que quiser, posso transformar você num bichinho e acabar com essa conversa — disse o bruxo ranzinza.

— Ora... isso é muito fácil. Quero ver você se transformar em um bichinho, um rato, por exemplo... Isso sim é prova de sua sabedoria.

— Fácil...

O bruxo transformou-se em rato e foi imediatamente comido pelo gato.

Com o castelo livre, o gato preparou uma bela festa para o rei e sua filha, ajudado pelos moradores da região, felizes e agradecidos com o sumiço do bruxo. O rei adorou tudo: o castelo, a festa, a simpatia do marquês. E viu nele alguém para se casar com a princesa.

Foi o que aconteceu: a princesa se casou com o filho do lavrador, que agora era o feliz e rico marquês de Carabás. O gato até revelou um segredo antigo: o castelo e o título de marquês eram mesmo da família do lavrador e haviam sido tirados pelo bruxo há muito tempo. Tinham voltado agora para seus verdadeiros donos.

O marquês e a princesa viveram felizes para sempre, claro, acompanhados pela simpatia do gato de botas.

Recreio especial: histórias do mundo!
Adaptação de Edson Gabriel Garcia. São Paulo: Abril, 2007.

lavrador: quem trabalha na lavoura (plantação).
ranzinza: mal-humorado.

Por dentro do texto

1 Por que o conto é intitulado **O gato de botas**?

....

....

2 O que o irmão mais velho recebeu do pai? E o do meio?

....

3 Qual foi a primeira ação do gato para ajudar seu dono?

....

....

4 Quem era o marquês de Carabás e por que o rei queria conhecê-lo?

....

....

....

5 Para enfrentar Bruxildo, o gato de botas usou:

( ) força. ( ) inteligência. ( ) violência.

6 Complete as frases usando as características dos personagens que estão no quadro abaixo.

inteligente	ranzinza	bela	pobre

A princesa era ....

O gato de botas era ....

O lavrador era ....

O bruxo era ....

Ilustra Cartoon/Arquivo da editora

7 Para que o rei não descobrisse a verdade sobre o marquês de Carabás, o gato de botas bolou um plano. Numere a ordem dos acontecimentos.

( ) O gato começou a gritar, dizendo que tinham roubado a roupa do marquês.

( ) O jovem tirou a roupa e entrou na água do lago.

( ) O rei ordenou que buscassem roupas em seu castelo para o marquês.

( ) O gato convenceu o bruxo a se transformar em um rato e o comeu.

( ) O gato de botas enfrentou o bruxo usando a inteligência, pois precisava do castelo para seu amo.

( ) O gato preparou uma festa no castelo do bruxo para o rei e sua filha.

8 Faça um desenho para ilustrar a parte da história de que você mais gostou. Depois escreva nas linhas o trecho da história representado.

Aprendendo gramática

Acento agudo e acento circunflexo

1 Releia este trecho do conto **O gato de botas** e observe as palavras destacadas.

> "Sua primeira ação foi levar presentes para o rei, em nome do **marquês** de **Carabás**, seu amo e senhor. O rei foi se encantando com os presentes trazidos por aquele simpático gato, em nome do **marquês**."

- Complete as frases abaixo.

  a) A sílaba tônica de **marquês** é: ....

  b) A sílaba tônica de **Carabás** é: ....

O sinal que está sobre a vogal da sílaba **bás** chama-se **acento agudo** (´), e o que está sobre a vogal da sílaba **quês** chama-se **acento circunflexo** (^).

Os acentos são usados sobre as vogais de algumas palavras para indicar a sílaba tônica.

O **acento agudo** pode ser usado sobre todas as vogais. Nas vogais **e** e **o** ele indica som aberto (Am**é**rica, **ó**timo).

O **acento circunflexo** pode ser usado apenas sobre as vogais **a**, **e** e **o**. Quando aparece sobre **e** ou **o**, indica som fechado (t**ê**nis, c**ô**modo).

2 Releia o conto **O gato de botas**. Depois copie no quadro abaixo cinco palavras desse conto que tenham acento agudo ou circunflexo, separando-as pelo tipo de acento.

Acento agudo	Acento circunflexo
....	....
....	....
....	....

3 Complete as frases com as palavras destacadas, tirando ou colocando o acento gráfico.

Camelô vira ....

Ilustrações: Ilustra Cartoon/ Arquivo da editora

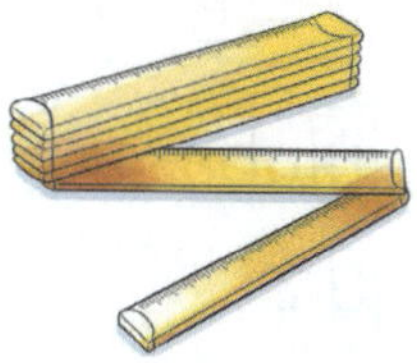

Metro vira ....

Maio vira ....

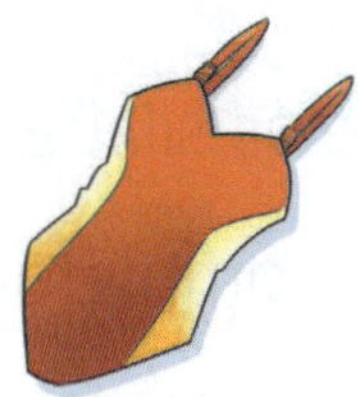

- O acento gráfico que aparece nas palavras acima é o acento:

( ) agudo. ( ) circunflexo.

4 Observe a cena e escreva uma breve história. Use palavras com acento agudo e com acento circunflexo.

Ilustrações: Ilustra Cartoon/Arquivo da editora

....

....

....

....

....

....

Escrevendo certo

ja, je, ji, jo, ju

1 Leia em voz alta as palavras do quadro.

jacaré	jegue	jipe	joelho	jujuba
jaca	sujeira	canjica	jogo	juiz

a) Circule as sílabas com a letra **j**.

b) Agora complete a informação abaixo.

A letra **j** apresenta o mesmo som diante de qualquer ....

2 Escreva palavras que começam com **j** de acordo com o que se pede.

a) Três meses do ano: ....

b) Três nomes de animais: ....

c) Três nomes de pessoas: ....

3 Complete a cruzadinha. **Dica**: Todas as palavras têm a letra **j**.

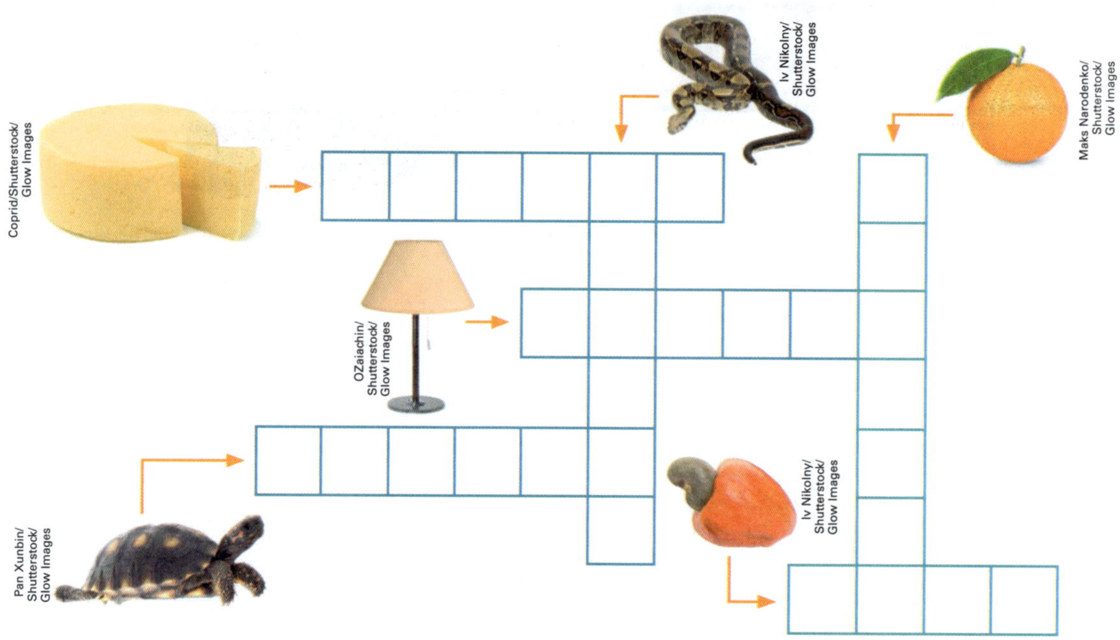

4 Complete os poemas com as palavras que o professor vai ditar.

Bicholiques

"O urso é um bicho malvado!",
Disse o caçador, ...
Não levem a mal,
Mas este animal
DEFENDE-SE, quando atacado!

A vaca amarela, aquela,
Pulou a cancela e a
.............................,
Porém se estrepou:
Um rato a enxotou
Com um pontapé na canela.

Ilustrações: Kanton/Arquivo da editora

Um bom garnizé, o Gazalo,
Na corda vocal teve um calo.
Um galo sem voz?
Que coisa atroz!
Azar! Virou .... de galo...

Um caldeirão de poemas, de Tatiana Belinky. São Paulo: Companhia das Letrinhas, 2003.

5 Forme novas palavras a partir das palavras a seguir. Veja o exemplo.

a) jeito: jeitoso, ajeitado
b) laranja: ....
c) nojo: ....
d) loja: ....
e) beijo: ....
f) jornal: ....
g) jardim: ....

6 Desembaralhe as sílabas e descubra o nome das frutas.

LeS/Shutterstock/Glow Images

re | ja | ce

....

BrazilPhotos/Shutterstock/Glow Images

ti | ba | ca | ja | bu

....

MRS.Siwaporn/Shutterstock/Glow Images

ca | ja

....

Texto 2

A festa no céu

Entre todas as aves espalhou-se a notícia de uma festa no céu. Todas as aves compareceriam e começaram a fazer inveja aos animais e outros bichos da terra incapazes de voo.

Imaginem quem foi dizer que ia também à festa... O sapo! Logo ele, pesadão e nem sabendo dar uma carreira, seria capaz de aparecer naquelas alturas. Pois o sapo disse que tinha sido convidado e que ia sem dúvida nenhuma. Os bichos só faltaram morrer de rir. Os pássaros, então, nem se fala.

O sapo tinha seu plano. Na véspera, procurou o urubu e deu uma prosa boa, divertindo muito o dono da casa. Depois disse:

— Bem, camarada urubu, quem é coxo parte cedo e eu vou indo porque o caminho é comprido.

O urubu respondeu:

— Você vai mesmo?

— Se vou? Até lá, sem falta!

Em vez de sair, o sapo deu uma volta, entrou na camarinha do urubu e, vendo a viola em cima da cama, meteu-se dentro, encolhendo-se todo.

O urubu, mais tarde, pegou na viola, amarrou-a a tiracolo e bateu asas para o céu, rru-rru-rru...

Ilustra Cartoon/Arquivo da editora

Chegando ao céu o urubu arriou a viola num canto e foi procurar as outras aves. O sapo botou um olho de fora e vendo que estava sozinho, deu um pulo e ganhou a rua, todo satisfeito.

Nem queiram saber o espanto que as aves tiveram vendo o sapo pulando no céu! Perguntaram, perguntaram, mas o sapo só fazia conversa mole. A festa começou e o sapo tomou parte de grande. Pela madrugada, sabendo que só podia voltar do mesmo jeito da vinda, mestre sapo foi se esgueirando e correu para onde o urubu havia se hospedado. Procurou a viola e acomodou-se como da outra feita.

O sol saindo, acabou-se a festa e os convidados foram voando, cada um no seu destino. O urubu agarrou a viola e tocou-se para a terra, rru-rru-rru...

Ia pelo meio do caminho quando, numa curva, o sapo mexeu-se e o urubu espiando para dentro do instrumento viu o bicho lá no escuro, todo curvado, feito uma bola.

— Ah! Camarada sapo! É assim que você vai à festa no céu? Deixe de ser confiado...

E naquelas lonjuras emborcou a viola. O sapo despencou-se para baixo que vinha zunindo. E dizia, na queda:

— Béu-Béu!

Se eu desta escapar

Nunca mais bodas ao céu!...

E, vendo as serras lá embaixo:

— Arreda pedras, senão eu te rebento!

Bateu em cima das pedras como um jenipapo, espapaçando-se todo. Ficou em pedaços. Nossa Senhora, com pena do sapo, juntou todos os pedaços e o sapo enviveceu de novo.

Por isso o sapo tem o couro todo cheio de remendos.

Contos tradicionais do Brasil, de Luís da Câmara Cascudo. São Paulo: Global, 2009. História contada por Ana da Câmara Cascudo, em Natal, Rio Grande do Norte.

arreda: afasta, retira-se para outro lugar.

camarinha: quarto, lugar onde se dorme.

carreira: corrida veloz.

confiado: folgado, atrevido.

coxo: manco, que anda devagar.

emborcou: virou para baixo.

esgueirando: saindo sem ser percebido.

Por dentro do texto

1. Assinale a(s) alternativa(s) verdadeira(s).
   - ( ) O conto narra fatos inventados.
   - ( ) O conto narra fatos da realidade.
   - ( ) Quem conta a história no conto é um personagem.
   - ( ) Quem conta a história no conto é o narrador.

2. Qual notícia espalhou-se entre as aves?

3. Explique por que os bichos estranharam quando o sapo declarou que iria à festa.

4. Qual era o plano do sapo?

5. O plano do sapo deu certo? Explique sua resposta.

6. Releia os seguintes trechos:

> "O urubu, mais tarde, pegou na viola, amarrou-a a tiracolo e bateu asas para o céu, rru-rru-rru...
>
> "O urubu agarrou a viola e tocou-se para a terra, rru-rru-rru..."

- Circule, nos trechos acima, o som que imita a voz do urubu.

7 Numere as frases na ordem em que os acontecimentos se dão na história lida.

◯ O sapo disse que também iria à festa.

◯ Os bichos se espantaram quando viram o sapo no céu.

◯ O urubu emborcou a viola e o sapo despencou para o chão.

◯ Acabou-se a festa. O urubu pegou a viola e tocou-se para a terra.

◯ Foi assim que o sapo ficou em pedaços, mas Nossa Senhora juntou tudo e ele reviveu.

◯ O sapo tinha seu plano: entrar na viola que o urubu levaria para a festa.

◯ O sapo se mexeu e o urubu o encontrou dentro da viola.

◯ Espalhou-se, entre as aves, a notícia de uma festa no céu.

8 Reescreva as frases abaixo, substituindo as expressões destacadas por outras de mesmo sentido.

a) "**Na véspera**, procurou o urubu"

....

b) "O sapo **botou um olho de fora** e vendo que estava sozinho, deu um pulo e **ganhou a rua**, todo satisfeito."

....

....

....

c) "Procurou a viola e acomodou-se como da **outra feita**."

....

....

Aprendendo gramática

Til e cedilha

1 Releia este trecho do conto.

> "Imaginem quem foi dizer que ia também à festa... O sapo! Logo ele, **pesadão** e nem sabendo dar uma carreira, seria capaz de aparecer naquelas alturas."

- Complete a frase.

  Na palavra em destaque no trecho acima foi usado o sinal til (~) sobre a vogal .... para indicar som nasal.

2 O til também é usado sobre a vogal **o**. Escreva o nome das figuras e observe.

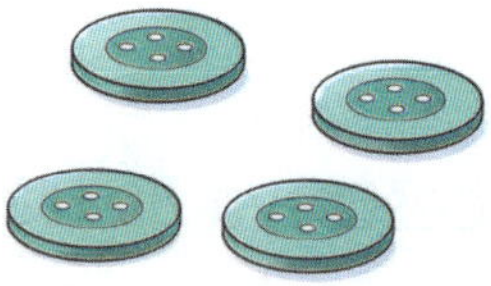

Ilustra Cartoon/ Arquivo da editora

dois .... três .... quatro ....

3 Leia as palavras do quadro em voz alta e complete a afirmação a seguir.

abraço	vidraça	caroço	soluço	açúcar

A cedilha é um sinal usado na letra **c**, antes das vogais ...., ... e .... para indicar o som **sê**.

4 Leia as palavras abaixo em voz alta e coloque a cedilha onde for necessário.

macã	cidadão	onca	cereja	cacula
poco	palhaco	coceira	balanco	circo

Escrevendo certo

ce, ci; ça, ço, çu; sc

1 Leia o balão de pensamento e observe as letras destacadas.

Ilustra Cartoon/Arquivo da editora

Leia estas outras palavras:

pesco**ç**o mar**ç**o difí**c**il vo**c**ê **c**erteza aconte**c**eu

- Agora complete a frase.

  Nas palavras acima, o .... e o .... destacados têm som de **sê**.

2 Escreva o substantivo correspondente a cada imagem e separe as sílabas.

Pal Teravagimov/Shutterstock/Glow Images

....

Plempy/Shutterstock/Glow Images

....

David Hanlon/Shutterstock/Glow Images

....

Irina Rogova/Shutterstock/Glow Images

....

3 Leia as adivinhas a seguir. Depois observe a "letra-pista" na coluna ao lado e complete as respostas com palavras que contenham **c** e/ou **ç**.

Profissional que trabalha em circo fazendo o público rir.	P						
Substância usada para adoçar os alimentos.						R	
Local onde se passam filmes.					M		
Parte do corpo onde fica o cérebro.			B				
Antônimo de tarde.		E					
Sinônimo de início.			M				

- Pinte o **c** ou o **ç** em todas as palavras que você escreveu no quadro. Observe a vogal que vem depois dessas letras e complete a frase a seguir.

  Para representar o som **sê**, usamos o **c** antes das vogais .... e ....; e usamos o **ç** antes das vogais ...., ... e ....

4 Observe estas palavras:

pi**sc**ina vac**c**ina

Nessas palavras, **sc** e **c** têm o mesmo som.

- Agora complete as palavras com **sc** ou **c**. Na dúvida, consulte o dicionário.

na........er	de........endência
o........ilar	de........er
aconte........er	do........e

5 Leia as palavras a seguir em voz alta e distribua-as na tabela conforme as indicações.

escada	disciplina	desculpa	nascer
descolorir	descendente	piscina	escuro

Pronuncia-se como **descer**	Pronuncia-se como **isca**

6 Complete as frases com as palavras do quadro.

crescer	pracinha	receitas	alface	
Cecília	cinema	doces	cenoura	desceu

Ilustra Cartoon/Arquivo da editora

a) .... as escadas depressa.

b) Você prefere ir ao .... ou à .... no final da tarde?

c) Eu gosto de salada com .... e ....

d) Minha avó me deu um livro de .... de ....

e) Quando eu .... vou ser piloto de avião.

Texto 3

Lenda da vitória-régia

Para os índios da época dessa lenda, a Lua era um forte e valente guerreiro que iluminava a Terra em busca de belas moças índias, para transformá-las em estrelas no céu.

Uma linda e jovem índia, chamada Naiá, ansiava muito por sua hora chegar. Por isso, ia banhar-se no rio, sob a luz do luar. Também, sem êxito, corria para as montanhas a fim de alcançar a Lua.

Numa noite clara de lua cheia, Naiá viu os raios de luar iluminando intensamente a parte mais funda do rio e, pensando que aquela fosse a hora de se encontrar com seu amado, atirou-se nas águas, onde morreu.

A Lua, que nunca tinha visto amor tão grandioso como o de Naiá, em vez de estrela, preferiu transformá-la em uma imensa e bela planta aquática, a vitória-régia, para toda noite de luar poder abraçá-la com seus raios prateados.

Coisas do folclore, de Nelson Albissú. São Paulo: Cortez, 2004.

Reprodução/Editora Cortez

ansiava: desejava muito.

Ilustra Cartoon/Arquivo da editora

Por dentro do texto

1 O texto que você acabou de ler é:

( ) uma fábula.

( ) uma lenda.

( ) um poema.

Ilustra Cartoon/ Arquivo da editora

2 O texto que você leu procura dar a explicação da origem:

( ) dos índios. ( ) da Lua. ( ) da vitória-régia.

3 No primeiro parágrafo da lenda, como é descrita a Lua?

....

....

....

a) Essa descrição corresponde aos conhecimentos atuais sobre a Lua?

....

b) Escreva os fatos que você conhece sobre a Lua.

....

....

....

....

....

4 O que fez Naiá pensar que estava muito próxima da Lua foi:

( ) estar no alto da montanha. ( ) ver o reflexo da Lua no lago.

5 Procure no dicionário o significado da palavra **vitória-régia** e escreva-o ao lado da imagem.

Kanton/Arquivo da editora

6 Releia os trechos abaixo e assinale as opções corretas.

a) "[Naiá] ansiava muito por **sua hora** chegar."

Sua hora corresponde a:

◯ seu momento. ◯ seu horário.

b) "Também, **sem êxito**, corria para as montanhas a fim de alcançar a Lua."

Sem êxito é o mesmo que:

◯ com sucesso. ◯ sem obter o resultado desejado.

7 Leia novamente o início do último parágrafo.

a) Explique o que quer dizer **amor grandioso**.

b) Veja como se formou a palavra **grandioso**:

grande + oso

- Que ideia o final **-oso** acrescenta à palavra **grande**? Converse com os colegas e, depois, escreva sua conclusão.

8 Forme outras palavras acrescentando **-oso** aos vocábulos abaixo.

gosto: .... fama: ....

maravilha: .... sabor: ....

feio: .... escândalo: ....

Saiba mais

Vitória-régia
(*Victoria amazonica*)

***Habitat*:**

É uma planta aquática típica da região amazônica, encontrada nos rios, lagos e florestas de igapó.

Características:

A vitória-régia possui uma folha bem grande em forma de círculo, que fica sobre a superfície da água e pode atingir 2,5 metros de diâmetro. Suas folhas são tão resistentes que podem suportar até 40 kg sem afundar.

Oleg Znamenskiy/Shutterstock/Glow Images

vitória-régia

Flor:

Sua flor é branca, mas adquire um tom rosado durante o período de polinização. Alcança até 33 cm de diâmetro. Elas se abrem apenas à noite, por volta das 6 horas da tarde, e são muito perfumadas. As flores ficam abertas até as 9 horas da manhã, aproximadamente.

Você sabia? A vitória-régia é a planta amazônica mais conhecida no mundo! [...] Recebeu esse nome em homenagem à rainha Vitória, da Inglaterra, porque foi identificada pelo naturalista inglês Lindley, em 1837.

Índio, de Martha Bevilacqua. Barueri: Girassol, 2007. (Coleção Amazônia).

Aprendendo gramática

Sinais de pontuação

Leia as frases abaixo e observe os sinais de pontuação utilizados.

> Naiá foi transformada em vitória-régia.
> Naiá foi transformada em vitória-régia?
> Naiá foi transformada em vitória-régia!

Os sinais de pontuação são fundamentais para a compreensão de um texto. Veja a seguir a função de alguns deles.

? interrogação	Indica uma pergunta ou dúvida. Exemplo: O que é uma vitória-régia ?
. ponto-final	Indica o fim de uma frase, de um pensamento. Exemplo: Naiá queria ficar perto do amado .
, vírgula	É usada para indicar pausa breve na enumeração de elementos dentro de um texto. Exemplo: A Lua era forte , valente e iluminava a Terra.
! exclamação	Indica admiração, espanto, surpresa, ordem. Exemplo: Que amor grandioso !

1 Leia o poema e coloque, no final de cada pergunta, o ponto de interrogação.

Ilustra Cartoon/Arquivo da editora

Contagem

Você já contou estrelas
E nuvens E passarinhos
Já contou quantos dedinhos
têm os pés das centopeias
Já contou quantas histórias
cabem dentro das ideias
Já pensou quantas bestagens
podem ser inteligentes

Já contou quantos gemidos
cabem numa dor de dente
Já pensou quantas mentiras
escondem certa verdade
Quantas grades e gaiolas
trancam a nossa liberdade

A poesia é uma pulga, de Sylvia Orthof. São Paulo: Atual, 2004.

2 Reescreva as frases a seguir substituindo os sinais de pontuação de acordo com as indicações.

Substitua **!** por **?** | Substitua **?** por **.** | Substitua **.** por **!**

a) É linda nossa bandeira!

....

b) Nossa bandeira é verde e amarela?

....

c) Nossa classe ganhou uma bandeira novinha.

....

- O sentido das frases mudou? Por quê?

....

....

....

3 Leia um trecho do poema a seguir e coloque a pontuação adequada nos quadrinhos.

Hei de torcer...

Torcer pelo meu time
não tem explicação
Nem sempre é o melhor
nem sempre é o campeão
Mas torço porque torço...
É coisa do coração

O bailado esportivo, de Hardy Guedes. São Paulo: Prumo, 2009.

4 Leia a tirinha.

Tem alguma coisa babando embaixo da cama, de Bill Watterson. São Paulo: Conrad, 2008.

a) Por que foi usado o ponto de interrogação no primeiro quadrinho?

....

....

b) Por que no segundo quadrinho foi usado o ponto-final?

....

....

c) Quais são os sinais de pontuação que aparecem no terceiro quadrinho?

....

d) Em qual quadrinho foi usado ponto de exclamação? Que sentimento ele indica?

....

Escrevendo certo

ca, co, cu; ga, go, gu

1 Leia as palavras do quadro em voz alta.

goiaba	caneca	fogo	cuíca	guri
manga	binóculo	bigode	escova	Camila
guloso	coco	galinha	couve	cuco

- Agora distribua as palavras no lugar adequado.

Palavras com ca, co, cu: ....

....

....

Palavras com ga, go, gu: ....

....

....

2 Com que sílaba começa o nome destes animais? Complete cada nome.

Johannviloria/ Shutterstock/ Glow Images

..............lo

Eric Isselee/ Shutterstock/ Glow Images

..............chorro

ADA_photo/ Shutterstock/ Glow Images

..............elho

Roman Samokhin/ Shutterstock/ Glow Images

..............rila

Rose Jay/ Shutterstock/ Glow Images

..............tia

Rose Jay/ Shutterstock/ Glow Images

..............vião

Texto 4 O galo, o gato e o ratinho

Um jovem afoito ratinho
Que quase nada sabia
Escapou por um pouquinho
De entrar em bela fria...

À rata mãe confessou
Que em seu primeiro passeio
Dois animais encontrou
Um bem lindo, outro bem feio.

O primeiro, olhar bondoso
Jeito manso, compreensivo
O outro, bem curioso
Era muito agressivo.

Tinha olhar de esguelha
Uma voz esganiçada
E uma coroa vermelha
Na cabeça incrustada.

Sua cauda, que horror!
Parecia colossal
Causava mesmo pavor
Esse estranho animal!

O ratinho ainda afirmou:
"O que me fez mais aflito
Foi quando ele balançou
Seus braços, que esquisito...

Lamento não ter podido
Conversar com o outro animal
Ele é bem parecido
Com nossa raça, é legal!

Tem olhar firme, cordato
É calmo e circunspecto
Tem mais o nosso aspecto
Eu gostei dele no ato...

Ia falar-lhe, sorri
Mas o esquisito gritou
E isso me assustou
Saí correndo, fugi!

Mesmo sendo corajoso
Confesso que tive medo
Um bicho tão pavoroso
Não quero rever tão cedo!"

A rata mãe percebeu
E disse: "O bicho a assustá-lo
É um inofensivo galo!
Já o outro, filho meu...

Detesta a nossa raça
Ouça bem o que eu digo
Ele é nosso inimigo
Só quer a nossa desgraça.

Somos refeição de gato
Já o galo, francamente
Não deve assustar a gente
Pode até ser nosso prato!"

Julgar pela aparência
Pode trazer má surpresa
Beleza não põe a mesa
Conhecer é uma ciência...

O melhor de La Fontaine: fábulas, de Jean de La Fontaine. Adaptação e tradução de Nílson José Machado. São Paulo: Escrituras, 2012.

afoito: ansioso, agitado/aflito, preocupado.
aspecto: aparência.
circunspecto: cauteloso, cuidadoso.
colossal: gigantesca, enorme.
cordato: sensato, tranquilo.
incrustada: grudada.
olhar de esguelha: olhar de lado, olhar torto.

Por dentro do texto

1 A fábula escrita originalmente por La Fontaine está organizada:

◯ em prosa. ◯ em versos.

2 Quem são os personagens da fábula?

....

3 Na fábula o ratinho escapou de entrar em "bela fria". Isso significa que:

◯ o ratinho quase entrou em um balde de água fria.

◯ o ratinho quase entrou em uma grande enrascada.

◯ o ratinho quase entrou em boa situação.

4 Releia os seguintes versos:

> "À rata mãe confessou
> Que em seu primeiro passeio
> Dois animais encontrou"

a) Que animais o ratinho encontrou?

....

b) Era comum o ratinho encontrar esses animais?

◯ sim ◯ não

c) Copie o verso que comprova sua resposta.

....

....

....

5 O ratinho descreve cada animal de uma maneira. Consulte o quadro e escreva as características de cada animal no lugar certo.

curioso	calmo	feio	agressivo
compreensivo	pavoroso	lindo	esquisito

	....
	....

Ilustrações: Ilustra Cartoon/Arquivo da editora

6 O que a mãe do ratinho disse sobre o bicho que causou medo a ele?

....

7 Segundo a mãe do ratinho, qual bicho é inimigo dos ratos?

....

8 Qual é a moral dessa fábula? **Dica**: Está em uma estrofe do texto.

....

....

A moral mostra a ideia principal do texto e transmite um ensinamento.

9 Como você viu, as aparências podem enganar. Muitas vezes uma bela aparência ou um comportamento bajulador pode ocultar as más intenções de alguém. Por isso, nunca devemos julgar uma pessoa pelo que ela aparenta e sim pelo que ela é.

Tente lembrar de alguma situação em que você tenha sido enganado porque só levou em conta a aparência de alguém. Converse sobre isso com os colegas.

Aprendendo gramática

Emprego da vírgula

Leia a frase a seguir:

> O galo, o gato, o ratinho, a raposa, a lebre e a tartaruga são personagens de fábulas conhecidas.

Na frase acima há palavras separadas por um sinal de pontuação. Esse sinal é a vírgula (**,**).

Como você já aprendeu, a vírgula é um sinal de pontuação usado para indicar uma pequena pausa na leitura ao enumerar os elementos de um texto, como no exemplo abaixo.

> Renato, Régis, Thaís e Juliana são primos de Thiago.

Veja algumas outras situações em que a vírgula é empregada:

- nos endereços, para separar o nome da rua do número da casa;

> Rua da Felicidade, 119.

- nas datas, para separar o nome da cidade da data.

> Rio de Janeiro, 2 de abril de 2015.

1 Leia as frases e coloque vírgulas quando necessário.

a) A professora pediu na lista de material escolar dois lápis quatro cadernos caneta azul caneta vermelha apontador e borracha.

b) Joana mora na rua da Paz 242.

c) Recife 10 de junho de 2014.

2 Coloque as vírgulas nas frases abaixo.

a) Estudar aprender brincar e se divertir são direitos da criança.

b) É dever de todos os adultos cuidar para que a criança tenha saúde moradia alimentação educação lazer e cultura.

3 Leia a tirinha a seguir. No segundo quadrinho as vírgulas foram retiradas. Escreva-as.

TURMA DA MÔNICA

Uma aventura nos contos de fadas, de Mauricio de Sousa. **Turma da Mônica**, São Paulo, Panini Comics, n. 45, set. 2010.

Escrevendo certo

gu, qu

Pronuncie estas palavras pausadamente, observando a diferença de som dos dígrafos **gu** e **qu**.

ami**gu**inho fra**qu**inho

1 Siga as setas e forme palavras com **gu** e **qu**.

for → mi → guei → ro ....

re → quei → jão ....

2 Vamos descobrir palavras com os dígrafos **gu** e **qu**? É só ler as dicas e juntar as letras destacadas nas frases.

a) **Dica**: alimento. ....

> Branca de Neve é uma personagem muito **qu**er**i**da das crianças do **B**rasil **e** do mundo.

b) **Dica**: instrumento musical. ....

> A **g**ente deve ter m**u**ito cu**i**dado para a**t**ravessar **a** rua e semp**r**e espe**r**ar o sin**a**l para pedestres abrir.

3 Complete as palavras com as sílabas do quadro.

gue gui que qui

a) A á..........a perse.......... pe..........nos animais para caçá-los.

b) Meu ami..........nho viu um peri..........to no par...........

Texto 5

O pastor e o lobo

Ilustra Cartoon/Arquivo da editora

Um pastor de ovelhas achava a vida muito monótona. Por isso, inventava de tudo para se distrair. A sua diversão favorita era fingir que estava em apuros.

— Um lobo! Socorro! Socorro! — costumava gritar aos quatro ventos.

Quando as pessoas do povoado vinham em seu socorro, encontravam-no perfeitamente seguro, rindo a valer.

Um dia apareceu um lobo de verdade na frente do pastor. Desesperado, ele começou a gritar como sempre fazia:

— Um lobo! Socorro! Socorro!

Desta vez ninguém veio socorrê-lo, e o pastor teve de se esconder em cima de uma moita de espinhos, enquanto o lobo devorava todas as suas ovelhas.

Quando os mentirosos falam a verdade, ninguém acredita.

Fábulas de Esopo, de Jean de La Fontaine. Adaptação de Lúcia Tulchinski. São Paulo: Scipione, 2014.

Reprodução/Editora Scipione

moita: mata com plantas de pouca altura.

Esopo nasceu na Grécia, no século VI antes de Cristo. Diz a lenda que ele contava histórias simples e divertidas, fáceis de ser entendidas, geralmente utilizando animais como personagens. Suas fábulas inspiraram numerosos autores no decorrer da História, como **Jean de La Fontaine**, que nasceu e viveu na França, no século XVII. As fábulas de La Fontaine foram reunidas em 12 livros e publicadas entre 1668 e 1694, tornando-o conhecido no mundo inteiro.

Por dentro do texto

1 Releia as informações sobre o livro do qual foi extraído o texto **O pastor e o lobo**.

> **Fábulas de Esopo**, de Jean de La Fontaine.
> Adaptação de Lúcia Tulchinski. São Paulo: Scipione, 2014.

- Copie o título do livro e o ano em que ele foi publicado.

....

....

2 Leia a informação a seguir. Depois faça o que é pedido.

> A **fábula** é uma narrativa cujos personagens são, geralmente, animais aos quais são atribuídos comportamentos humanos. Apresenta um ensinamento, que é chamado **moral da história**. A fábula tem origem na tradição oral. A mesma fábula pode ser recontada em diferentes versões.

a) Na fábula **O pastor e o lobo** os animais têm comportamento humano? Justifique sua resposta.

....

....

....

b) Qual é a moral da história da fábula **O pastor e o lobo**?

....

....

c) Qual é o objetivo dessa fábula?

....

....

d) Escreva, resumidamente, as atitudes do pastor que justificam a moral apresentada na fábula.

....

....

....

....

3 Assinale a imagem que representa o que o pastor conduzia.

Delmas Lehman/Shutterstock/Glow Images

Delmas Lehman/Shutterstock/Glow Images

Zeljko Radojko/Shutterstock/Glow Images

4 Releia o primeiro parágrafo do texto **O pastor e o lobo**.

a) Assinale a alternativa que corresponde ao significado da palavra **monótona**.

( ) muito variada
( ) sem novidade, enfadonha
( ) divertida
( ) alegre

b) Por achar a vida muito monótona, o pastor se divertia fingindo que estava em apuros.

Converse com os colegas: você conhece alguém que já agiu dessa forma? De que forma podemos ajudar uma pessoa que está sempre triste, por achar a vida monótona?

Aprendendo gramática

Substantivo comum e substantivo próprio

1 Nomeie estas figuras:

Ilustrações: Ilustra Cartoon/ Arquivo da editora

....

> As palavras usadas para nomear pessoas, objetos e sentimentos são chamadas de **substantivos**.

2 Leia a frase a seguir e observe as palavras sublinhadas.

Esta **fábula** foi criada por **Esopo**.

fábula → substantivo comum

Esopo → substantivo próprio

> Os substantivos podem ser **comuns** ou **próprios**. O substantivo comum dá nome a seres, coisas, objetos ou sentimentos em geral. Já o substantivo próprio dá nome a algo ou alguém específico.

A palavra **fábula** é um **substantivo comum**, pois pode indicar qualquer fábula.

Esopo é um **substantivo próprio**, pois indica o nome de uma pessoa.

Os **substantivos comuns** são escritos com letra inicial minúscula, exceto quando iniciam frase. Já os **substantivos próprios** devem ser escritos com letra inicial maiúscula. Veja:

La **F**ontaine, **G**oiás, rua **G**uaicurus → substantivos próprios

moita, **l**obo, **á**rvore → substantivos comuns

3 Leia o texto abaixo e observe os substantivos destacados. Depois circule de vermelho os substantivos próprios e de azul os substantivos comuns.

> Duvido que exista alguém que nunca tenha brincado de **roda**! Essa é uma das **brincadeiras** mais comuns que encontramos no **Brasil**.
>
> As rodas são muito antigas. As **crianças** da **Europa**, e nas **aldeias** dos tempos da **Idade Média**, já brincavam de roda.
>
> **Brinquedos e brincadeiras**, de Nereide Schilaro Santa Rosa. São Paulo: Moderna, 2001.

4 Preencha a ficha a seguir com substantivos próprios ou comuns.

Meu nome é ______________________

O que eu mais gosto de comer é ______________________

Estudo na escola ______________________

Meu (Minha) professor(a) chama-se ______________________

Em meu estojo costumo levar ______________________

5 Escreva um substantivo próprio para cada substantivo comum.

Vinicius Tupinamba/Shutterstock/Glow Images

Jefferson Bernardes/Shutterstock/Glow Images

cidade: ....

jogador: ....

Album/Latinstock/Walt Disney Productions

Mary Evans/AGB Photo/Keystone

personagem: ....

super-herói: ....

Escrevendo certo

m antes de p e b; m em final de palavra; n antes de consoante

1 Encontre no diagrama o nome destes três alimentos.

P	R	M	S	K	L	O	U	G
G	R	A	P	Q	C	P	A	B
R	Q	E	M	P	A	D	A	T
O	U	S	T	F	R	L	P	J
M	S	P	E	K	A	Z	S	T
X	P	U	D	I	M	Q	W	C
I	M	Q	A	S	B	D	I	F
L	A	C	T	W	O	R	V	G
P	U	L	M	C	L	J	H	T
W	C	A	T	Q	A	K	P	S

LianeM/Shutterstock/Glow Images

João Prudente/Pulsar Imagens

Luiz Rocha/Shutterstock/Glow Images

a) Escreva no quadro a seguir as palavras encontradas no diagrama, observando a posição da letra **m**. Depois acrescente em cada coluna duas palavras com as mesmas características.

m antes de **p**	**m** antes de **b**	**m** no final da palavra
....	....	....
....	....	....
....	....	....

- Agora complete a frase abaixo.

Usamos **m** antes de ...., ... e no .... de algumas palavras.

b) Leia as palavras do quadro e pinte a consoante que aparece depois da letra **n**.

enluarado	índio	enxada	enfeite	canjica
convite	onça	brinquedo	inseto	canguru

- Observou bem? Agora complete:

Usamos .... antes das demais ....

2 Escreva o nome das imagens a seguir.

Tossaporn Sakkabanchorn/Shutterstock/Glow Images

....

Grmarc/Shutterstock/Glow Images

....

Kotomiti Okuma/Shutterstock/Glow Images

....

Frescomovie/Shutterstock/Glow Images

....

Onair/Shutterstock/Glow Images

....

Africa Studio/Shutterstock/Glow Images

....

3 Complete as palavras com **m** ou **n**.

me..........tira	ta..........bé..........	be..........gala	le..........da
ame..........doi..........	tama..........co	ta..........bori..........	u..........bigo

4 O professor vai dizer alguns números. Veja a sílaba que corresponde a cada um deles e forme palavras.

2	3	4	5	6	7	8	9	10
tran	ça	cam	lan	bém	par	tam	a	bor

....

....

Texto 6

A roupa nova do rei

OED

Era uma vez um rei.

Muito rico e muito prosa.

Um dia apareceram uns homens que vieram vender para ele um tecido para fazer uma roupa.

Mas, antes de mostrar o tecido, eles disseram que era um pano tão fantástico, que só as pessoas muito espertas conseguiam ver.

Então eles abriram uma mala e começaram a tirar o tecido.

Tirar o tecido? Que nada!

Eles fingiam que tiravam, mas não havia nada na mala.

Então as pessoas que estavam perto do rei começaram a fingir que estavam vendo o pano para não passarem por bobos.

E o rei?

O rei também não queria passar por bobo, então ele fingia que estava vendo o tecido:

— Que maravilha, que cores tão lindas! Que brilho!

E quanto mais o rei fingia que estava vendo alguma coisa, mais as pessoas também fingiam:

— É muito lindo!

— É fantástico!

— Nunca se viu um pano mais bonito!

Então o rei encomendou ao alfaiate que fizesse uma roupa muito linda para ele, que ficasse pronta para uma grande festa que ia haver.

O alfaiate fez como todo mundo. Também fingiu que estava vendo o tecido.

E fingiu que estava costurando o pano, e fingiu que experimentou a roupa no rei e tudo.

E no dia da festa, o alfaiate ajudou o rei a vestir a roupa que não existia. O rei saiu para a rua nuzinho, nuzinho!

As pessoas bem que viram que ele não estava vestido, mas fingiam que estavam vendo a roupa para que não pensassem que elas eram idiotas.

Só que no meio do povo havia uma criança, que não estava nem ligando que achassem que ela era boba e que começou a gritar:

— Olha só! O rei está nu! O rei está nu!

As pessoas em volta diziam:

— Cala a boca, vão pensar que você é tola!

Mas a menina nem ligava:

— O rei está nu! Está nuzinho da silva!

E então todos perceberam que tinham sido enganados, que eles eram muito bobos por repetir o que os outros diziam.

E o rei também percebeu e saiu correndo para o palácio, muito envergonhado.

— Que bobo que eu sou! Se eu tivesse dito o que pensava não fazia papel de idiota!

Reprodução/Editora Salamandra

A roupa nova do rei, de Hans Christian Andersen. Adaptação de Ruth Rocha. **Almanaque Ruth Rocha**. São Paulo: Salamandra, 2011.

alfaiate: pessoa que faz roupas masculinas.

prosa: vaidoso, convencido.

Ilustra Cartoon/Arquivo da editora

Por dentro do texto

1. Como se inicia a história que você leu?

....

2. A expressão "era uma vez" indica que a história aconteceu:

   ◯ em um tempo definido.

   ◯ em um tempo indefinido.

3. Assinale as características do conto **A roupa nova do rei**.

   ◯ história de ficção

   ◯ história real

   ◯ personagem real

   ◯ personagem inventado

4. Esse conto envolve os personagens em torno de um assunto. Qual é esse assunto?

....

5. Releia este trecho:

> "Um dia apareceram uns homens que vieram vender para ele um tecido para fazer uma roupa."

a) A quem se refere a palavra **ele**?

....

b) A intenção desses homens era realmente vender um tecido para o rei? Justifique.

....

....

....

6 Releia este trecho, observando a palavra destacada.

> "não estava nem **ligando** que achassem que ela era boba"

- Assinale a frase em que o sentido dessa palavra é diferente.
  - ◯ É melhor você não ficar **ligando** para o que falam de você.
  - ◯ Eu fiquei **ligando** o dia inteiro, mas ele não atendeu.

7 Releia este trecho.

> "O rei saiu para a rua nuzinho, nuzinho!"

- Por que a palavra **nuzinho** aparece duas vezes?

....

....

8 Você conhecia a expressão "Está nuzinho da silva!"? O que ela expressa?

....

....

....

9 As pessoas que elogiavam a roupa do rei, mesmo sem vê-la, podem ser descritas como:

- ◯ corajosas.
- ◯ falsas.
- ◯ honestas.

10 No conto **A roupa nova do rei**, as pessoas, por medo de passar por bobas, fingiram ver o que não viam. O que você acha da atitude dessas pessoas? Você já agiu dessa maneira ou conhece alguma situação em que as pessoas agiram de forma semelhante a essa? Conte aos colegas como foi.

Aprendendo gramática

Substantivo coletivo

Leia a frase a seguir:

> Uma **multidão** se reuniu para ver a roupa nova do rei.

Ilustra Cartoon/Arquivo da editora

O substantivo **multidão** indica grande quantidade de pessoas, embora esteja no singular.

Observe as figuras, leia as frases e acompanhe as explicações.

O **peixe** nada.	Os **peixes** nadam.	O **cardume** nada.
substantivo no singular	substantivo no plural	substantivo coletivo
indica um elemento	indica mais de um elemento	indica um conjunto de elementos da mesma espécie

Ilustrações: Kanton/Arquivo da editora

Substantivo coletivo é o substantivo comum que, mesmo estando no singular, nomeia um conjunto de coisas ou seres da mesma espécie.

Veja alguns substantivos coletivos e o que eles representam.

álbum: de fotografias, selos, figurinhas.

acervo: de bens materiais, de obras de arte.

arquipélago: de ilhas.

bando: de animais ou pessoas.

biblioteca: de livros.

boiada: de bois.

cacho: de flores ou frutos dispostos em um eixo comum.

classe: de alunos.

constelação: de estrelas.

discoteca: de discos.

enxame: de abelhas.

esquadra: de navios de guerra.

esquadrilha: de pequenas embarcações (flotilha) ou de até quatro aeronaves que realizam uma operação.

exército: de soldados.

ninhada: de filhotes.

nuvem: de mosquitos, gafanhotos.

penca: de bananas.

pomar: de árvores frutíferas.

quadrilha: de ladrões.

ramalhete: de flores.

rebanho: de ovelhas, cabras ou bois.

réstia: de alhos, cebolas.

tribo: de pessoas.

vara: de porcos.

1 Leia o texto a seguir. Depois circule os substantivos coletivos.

Meu nome é João. Minha família tinha um pequeno armazém em uma ruazinha próxima a uma rua movimentada. [...] Eu amava desenhar e adorava me debruçar na janela e observar uma misteriosa área verde que havia na vizinhança, bem perto de casa.

Essa área era uma fábrica abandonada, cercada por muros altos, e lá havia muitas árvores grandes. Trepadeiras cresciam espessas sobre as árvores. Era um bosque bem misterioso. Embora a maioria das pessoas não pudesse entrar, parecia que muitos animais moravam lá. [...]

Meu jardim secreto, de Shu-Nu Yan. Tradução de Silvia Sapiense. São Paulo: FTD, 2009.

- Agora escreva abaixo os substantivos coletivos que você circulou.

....

2 Complete as frases. Veja o exemplo.

a) O pássaro voa.

Os pássaros voam.

O bando voa.

b) A abelha o atacou.

As .... o atacaram.

O .... o atacou.

c) Recebi a flor.

Recebi as ....

Recebi o ....

d) O navio partiu.

Os .... partiram.

A .... partiu.

3 Observe as imagens e complete as frases com o substantivo coletivo correspondente.

a) Na fazenda de Pedro há um pequeno .... de ovelhas.

Urosr/Shutterstock/ Glow Images

b) Todas as bananas da .... estão maduras.

Nemeziya/Shutterstock/ Glow Images

c) Minha irmã comprou um .... de uvas.

George Dolgikh/ Shutterstock/ Glow Images

d) Ontem nasceu uma .... de pintinhos na chácara do meu tio.

Smit/Shutterstock/ Glow Images

e) Marina tem uma .... incrível, cheia de discos raros!

RG-vc/Shutterstock/ Glow Images

4 Forme uma frase usando o coletivo do substantivo **livro**.

....

....

....

....

5 Faça uma pesquisa e complete a coluna da direita com o coletivo dos animais relacionados na coluna da esquerda.

Conjunto de	Coletivo
bois	
burros	
cabras	
cães	
gatos	
lobos	
macacos	
peixes	

6 Agora escolha três coletivos da lista pesquisada por você na atividade anterior e crie frases usando esses coletivos.

....

....

....

....

....

....

....

Escrevendo certo

Sons do x

1 Compare as palavras dos dois grupos abaixo.

(1)

profe**ss**or
o**ss**o
pa**ss**eio
ma**ss**a

(2)

má**x**imo
trou**x**e
pró**x**imo
au**x**ílio

- Complete a afirmação.

Nas palavras do grupo 2, o som da consoante .... é o mesmo som do dígrafo .... das palavras do grupo 1.

2 Complete as frases com as palavras do quadro.

assim	assistir	auxílio
assinou	próximo	trouxer

a) Vou .... ao filme de que falei no .... domingo.

b) Sem o seu ...., ele não venceria a competição.

c) .... que cheguei em casa, minha mãe .... meu boletim.

d) Se você .... os ingredientes de que preciso, posso fazer uma sopa.

3 Compare as palavras dos quadros.

(1) e**s**perto e**s**quilo te**s**te e**s**premer

(2) e**x**plicou e**x**cursão te**x**to e**x**tenso

- Complete a afirmação abaixo.

Nas palavras do quadro 2, a consoante .... tem o mesmo som da consoante .... das palavras do quadro 1.

4 Circule as palavras abaixo em que o **x** tem som de **s**.

enxaguar	experiência	explosão
encaixotado	exibir	excursão
extinguir	exame	exagero

5 Ajude o macaco a atravessar o rio e alcançar a mangueira carregada de mangas. No caminho correto todas as palavras têm **x** com som de **ch**. **Dica**: Leia as palavras em voz alta para perceber os diferentes sons que o **x** pode ter.

Kanton/Arquivo da editora

De olho no dicionário

1 O que é, para você, um dicionário? Converse com os colegas.

- Veja agora as informações que este verbete traz e compare com o que vocês conversaram.

> ■ **dicionário** s. masc. di-cio-*ná*-rio. Conjunto de palavras e expressões de uma língua, geralmente em ordem alfabética, com informações sobre o significado das palavras, seu uso na língua e dados gramaticais a respeito delas. Ex.: *Existem vários tipos de dicionários. A professora pediu aos alunos que comprassem um dicionário inglês-português, português-inglês.*
>
> **Dicionário ilustrado de Português**, de Maria Tereza Camargo Biderman. São Paulo: Ática, 2009.

2 Releia a frase retirada do conto **A roupa nova do rei**.

> "Era uma vez um rei.
> Muito rico e muito **prosa**."

- Agora leia os significados da palavra **prosa** no dicionário.

> **1.** *sf* A forma natural de falar ou escrever (por oposição a verso). **2.** Conversação. **3.** Lábia, gabolice *adj2g* e *s2g*. **4.** Diz-se de pessoa loquaz, pedante e vaidosa.
>
> **Minidicionário da língua portuguesa Ruth Rocha**, de Ruth Rocha e Hindenburg da Silva Pires. São Paulo: Scipione, 2010.

- Escreva nos círculos com qual dos sentidos (1, 2, 3 ou 4) a palavra **prosa** foi usada nas frases abaixo.

a) O alfaiate enganou o rei com sua prosa. ◯

b) A história **A roupa nova do rei** foi escrita em prosa. ◯

c) Gostaria de ter uma prosa com você. ◯

d) Porque tinha muito dinheiro, o rei era muito prosa. ◯

3 No quadro abaixo estão palavras usadas para indicar as vozes de alguns animais. Procure o significado delas em um dicionário e complete o quadro.

Palavra	Significado	Frase
cacarejo	Ato de cacarejar. O canto da galinha.	
coaxo		Os sapos coaxam no brejo.
miado		
uivo		

4 Releia o trecho abaixo extraído do conto **A festa no céu**. Preste atenção na palavra em destaque.

> "Chegando ao céu o urubu **arriou** a viola num canto e foi procurar as outras aves. O sapo botou um olho de fora e vendo que estava sozinho, deu um pulo e ganhou a rua, todo satisfeito."

a) Procure no dicionário o sentido da palavra destacada e escreva abaixo.

arriar: ....

b) Agora complete a frase usando o sentido encontrado por você.

Chegando ao céu o urubu .... a viola num canto e foi procurar as outras aves.

O tema é...

Eu e os outros: melhorando as relações

Mentira é corrupção?

Muita gente pode até achar que mentir, colar, furar fila, copiar texto dos outros não é nada. Mas pensa aí: quando um adulto passa dinheiro para o guarda não lhe dar uma multa, ele também não está dando um "jeitinho"? E quando se compra um produto pirata? Todas essas atitudes são erradas e devem ser evitadas e não são muito diferentes dessas corrupções de que se fala na TV. Corrupção grande, pequena, média é tudo corrupção e tem que ser evitada!

Plenarinho. Disponível em: <www.plenarinho.gov.br/cidadania/Reportagens_publicadas/mentira-e-corrupcao>. Acesso em: 4 fev. 2015.

- Você concorda com a ideia de que "Corrupção grande, pequena, média é tudo corrupção e tem que ser evitada!"? Por quê?
- Que outras atitudes você acha que devem ser evitadas, pois são erradas?

Rubens Chaves/Pulsar Imagens

- Observe as fotos. O que você acha dessas atitudes? Você as pratica?
- Você acha que essas atitudes fazem o convívio entre as pessoas melhorar?

DAJ/amana images RF/Getty Images

Brincadeira sem graça

Se você é bom de bola, o povo grita: " Lá vem o Ronaldinho"; se manda bem no *kart*, vira o "fera do asfalto"; nada mais rápido que todo mundo, é chamado de "o tubarão". Quem não gostaria de ser conhecido assim?

O problema é quando os apelidos não são tão legais. Nomes como baleia, dentuço, *nerd*, perna de pau não são raros e muitas vezes deixam marcas profundas nas pessoas que os recebem.

Se você nunca passou por isso, tem muita sorte. Mas certamente conhece alguém que todos os dias é obrigado a conviver com apelidos horríveis ou piadinhas sem graça sobre aparência, jeito de ser ou de se comportar. Esse tipo de violência, muito comum nas escolas, é chamada de *bullying*. [...]

O *bullying* não é apenas um apelido maldoso, não. Quando algum aluno mais forte bate nos outros, quando uma turma isola um colega, ou até mesmo quando uma galera inteira se junta para esconder objetos de um único estudante... Tudo isso é *bullying*. Existem crianças que ficam tão tristes com as gozações que pedem para não voltar à escola.

Todo mundo tem o direito de ser como é. Você pode ser alto, baixo, bom de bola, gordinho, ter os olhos azuis, adorar estudar ou qualquer outra coisa. Não deixe aqueles que se acham muito espertos te intimidar! Diga não ao *bullying*!

[...]

Plenarinho. Disponível em:<www.plenarinho.gov.br/educacao/Reportagens_publicadas/brincadeira-sem-graca/>. Acesso em: 4 fev. 2015.

- Você já passou ou viu alguém passar por uma situação de *bullying*?
- Se sim, como você acha que a pessoa se sentiu nessa situação?
- Você fez algo para mudar essa situação? O quê?

Ideias em ação

Reconto de fábula

Nesta Unidade você conheceu a fábula **O pastor e o lobo**.

As fábulas são histórias cujos personagens, geralmente, são animais com comportamento humano. No final delas, transmitem um ensinamento, que é chamado moral da história.

Que tal você recontar uma outra fábula de Esopo? Nesse reconto você deverá inventar outro personagem e uma nova situação a ser vivenciada por ele. No entanto, a moral da história deverá permanecer a mesma.

Leia a seguir a fábula que você irá recontar e siga as orientações.

A raposa e as uvas

Uma raposa passou por uma videira e viu suspenso nela um belo cacho de uvas. Faminta, lambeu os beiços. Esticou-se ao máximo, fez de tudo para alcançá-lo, mas nada deu certo. Cansada, resolveu ir embora e disse:

— Ah, estão verdes mesmo!

A fábula mostra que assim também há certas pessoas que, por incapacidade, não conseguem realizar suas tarefas, mas culpam as circunstâncias.

Era uma vez Esopo, de Katia Canton. São Paulo: DCL, 2009.

Ilustra Cartoon/Arquivo da editora

Rascunho

Pense nos personagens e no lugar onde a fábula vai acontecer.

Atente também para os seguintes detalhes:

- Se escolher animais como personagens, eles devem se comportar como se fossem seres humanos.
- O seu texto deve se desenrolar de modo que a moral da história continue fazendo sentido.

Escreva seu texto nas páginas de rascunho do **Caderno de produção de texto**.

Revisando suas ideias

Leia o texto que você escreveu, retome as orientações do rascunho e verifique se você não se esqueceu de nenhum detalhe.

Depois peça ao professor que leia o seu texto e oriente-o em como melhorá-lo.

Texto final

Agora reescreva sua fábula fazendo as correções necessárias. Use as páginas do **Caderno de produção de texto** para registrar seu texto finalizado. Você pode ilustrar seu texto com desenhos.

Ilustra Cartoon/Arquivo da editora

UNIDADE 3

O que nos faz bem...

Vamos conversar?

- As crianças parecem estar contentes na escola?
- E você? Como se sente na escola? Por quê?
- Do que você gosta na escola? E em casa?

O que vou estudar?

- Sinônimo e antônimo
- Artigo
- Substantivo: singular e plural
- Substantivo: masculino e feminino
- Substantivo: aumentativo e diminutivo

Ilustra Cartoon/Arquivo da editora

Texto 1

As nossas brincadeiras

OED

Tainá é uma menina indígena que mora na floresta Amazônica. Ela conta um pouco sobre suas brincadeiras favoritas.

Jogar peteca é uma das brincadeiras de que eu mais gosto. A gente junta um grupo de crianças e vai batendo com a palma da mão na peteca, jogando um para o outro. Quem deixar cair no chão perde. Quem inventou esse jogo foi meu tatatatataravô Tatuba.

Também brincamos de corrida de canoa, de competição para ver quem nada mais rápido, de corrida carregando uma **tora** de madeira, de atirar com **zarabatana** para acertar uma melancia... E um futebol onde só vale usar a cabeça, com uma bola feita de **seiva** de mangabeira, parecida com a borracha. Mas esse só os meninos jogam.

Arco e flecha é um dos meus jogos preferidos. A gente faz o arco de tala de palmeira buriti, ou de aroerinha, ou de tucum. Ganha quem flechar mais frutas de longe. Eu sou a melhor da aldeia na pontaria com arco e flecha. Acerto até o olho do guaraná.

Gosto também de pião. A gente pega uma semente de tucumã, faz pequenos furos e raspa toda a parte de dentro até ficar oca. Depois a gente enrola um barbante e faz ele girar dentro de um círculo. Quem conseguir girar o pião bem no meio do círculo ganha. O pião de tucumã parece um passarinho, ele canta quando gira.

Ilustra Cartoon/Arquivo da editora

Gosto de brincar de arranca-mandioca também. É assim: um grupo de crianças se agarra num tronco de árvore e uma criança de fora tem que tentar soltar alguém que está no tronco. Vale puxar pela perna e agarrar pela barriga. Eu uso uma pena de arara para fazer cócegas, aí todo mundo solta rapidinho!

Tem ainda o jogo do gavião e da galinha. Uma criança é o gavião e a outra é a galinha, que fica de braços abertos para proteger os pintinhos (um grupo de curumins). O gavião faz de tudo para passar pela galinha para pegar um pintinho. Só vale pegar pela barriga.

Além dessas, os índios têm muitas outras brincadeiras. E muitas delas a gente aprendeu com o povo que veio da cidade: futebol, perna de pau, cabo de guerra, pular corda, bilboquê, cama de gato, cinco marias...

Quando você me visitar aqui na aldeia eu ensino todas que você ainda não souber!

O mundo de Tainá: uma aventura em tupituguês, de Cláudia Levay. São Paulo: Companhia das Letrinhas, 2013.

seiva: líquido que circula no interior dos vegetais.

tora: grande tronco de árvore.

zarabatana: tubo longo usado para arremessar grãos com sopro.

Por dentro do texto

1 Quando uma pessoa fala de si mesma ou conta fatos que viveu dizemos que ela está fazendo um relato pessoal. O texto **As nossas brincadeiras** é um relato pessoal? Justifique sua resposta.

....

2 De que fala Tainá? Assinale a alternativa correta.

- ◯ De histórias criadas por ela.
- ◯ Das próprias experiências como criança indígena.
- ◯ Da vida da sua família.

3 Tainá fala de uma das brincadeiras de que mais gosta.

a) Qual é o nome dessa brincadeira? ....

b) Como se brinca?

....

....

c) Para ganhar esse jogo o que não pode acontecer com a peteca?

....

d) Quem inventou esse jogo?

....

4 Releia este trecho do texto.

> "E um futebol onde só vale usar a cabeça, com uma bola feita de seiva de mangabeira, parecida com a borracha. Mas esse só os meninos jogam."

- Na sua opinião, existem algumas brincadeiras só para meninos e outras só para meninas? Por quê? Converse com os colegas.

5 Segundo o texto, como se faz para brincar usando os objetos abaixo?

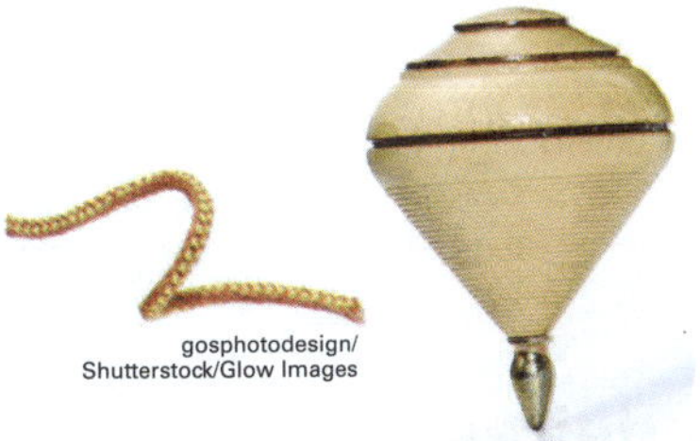

gosphotodesign/ Shutterstock/Glow Images

....

....

....

....

6 Assinale a imagem que mostra o vencedor neste jogo:

Ilustrações: Ilustra Cartoon/Arquivo da editora

7 Complete o quadro de acordo com as informações do texto.

Brincadeiras	
de origem indígena	aprendidas com as crianças da cidade
....	....
....	....
....	....
....	....
....	....
....	....
....	....

Aprendendo gramática

Sinônimo e antônimo

1 Releia este trecho do texto **As nossas brincadeiras**:

> "Também brincamos de corrida de canoa, de competição para ver quem nada mais **rápido**"

- Assinale a palavra que tem o mesmo sentido que **rápido**:

( ) devagar ( ) depressa ( ) lentamente

> Palavras com sentidos parecidos são chamadas de **sinônimos**.

2 Agora leia o poema abaixo, observando as palavras destacadas.

Fábrica de sonhos

A gente sonha colorido
ou em **preto** e **branco**?
Os sonhos são feitos
de espuma, de água,
acalanto
ou de que matéria
escorregadia?

Os sonhos que se sonham
de **dia** são diferentes
dos sonhos da **noite**?
A gente sonha **dormindo**
ou a gente sonha **acordado**?

Fábrica de poesia, de Roseana Murray. São Paulo: Scipione, 2008.

- As palavras destacadas têm sentidos semelhantes ou contrários?

....

> Palavras com sentidos contrários são chamadas de **antônimos**.

3 Releia o trecho a seguir.

"**Gosto** de brincar de arranca-mandioca também. É assim: um grupo de crianças se **agarra** num tronco de árvore e uma criança de fora tem que tentar **soltar** alguém que está no tronco. Vale puxar pela perna e agarrar pela barriga. Eu uso uma pena de arara para **fazer** cócegas, aí todo mundo solta rapidinho!"

a) Veja um sinônimo das palavras que estão destacadas no texto.

gosto – adoro	soltar – desprender
agarra – segura	fazer – provocar

b) Agora reescreva o texto substituindo as palavras destacadas acima pelo sinônimo delas.

....

....

....

....

....

4 Complete a cruzadinha com os antônimos das palavras abaixo.

1. bom
2. escuro
3. mentira
4. quente
5. baixo
6. barato
7. fechado
8. nervoso

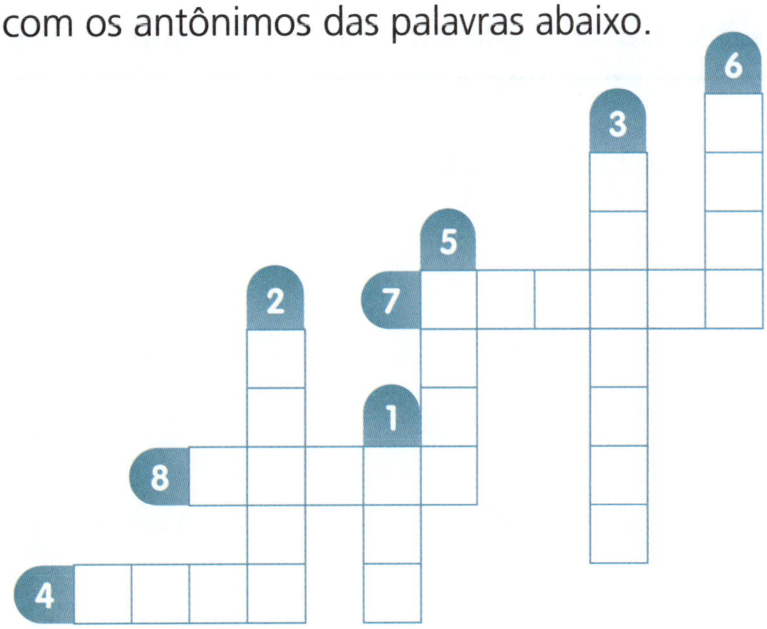

Escrevendo certo

ge, gi; je, ji

1 Leia o texto e observe as sílabas destacadas.

> Re**gi**na faz 8 anos ho**je**.
> Ela é um an**ji**nho, mas, quando come **ji**ló, ima**gi**ne a carinha que ela faz!

a) Agora leia as palavras abaixo em voz alta.

jato	jeitoso	jiboia	joaninha	justo
gato	gesto	girafa	gota	gula

b) Depois da leitura, complete as frases a seguir:

A consoante .... tem o mesmo som diante de todas as vogais.

A consoante **g** tem o mesmo som da consoante **j** antes das vogais .... e ....

2 Observe o quadro e junte as sílabas indicadas para formar palavras. Veja o exemplo.

a) A1, D2 gibi

b) B1, C2, B3 ....

c) C2, A4, D3 ....

d) D1, C1, C4, D4 ....

e) A2, C1, B4 ....

f) B2, A3, C3 ....

	1	2	3	4
A	gi	en	je	boi
B	can	in	ca	nho
C	ge	ji	ção	li
D	an	bi	a	cal

3 Escreva o nome das figuras separando suas sílabas.

- **Dica 1**: palavras com **j**.

Pelena/Shutterstock/Glow Images

Fabio Colombini/Acervo do fotógrafo

Audrey Snider-Bell/Shutterstock/
Glow Images

....

- **Dica 2**: palavras com **g**.

Ajman/Shutterstock/Glow Images

Imagedb.com/Shutterstock/Glow Images

Mikadun/Shutterstock/Glow Images

....

4 Leia as palavras do quadro em voz alta. Depois pense nas diferenças entre elas e organize-as em dois grupos, como indicado.

Regina	sargento	majestade	geleia	hoje	sujeito
ginástica	anjo	agito	objeto	gentil	agitado

Palavras com **g**	Palavras com **j**
....	....
....	....
....	....

O tema é...

Brincadeiras

Crianças brincando de **boca de forno**.

Boca de forno

A turma tem de fazer tudo o que o mestre mandar. Quanto mais criativa a tarefa, mais divertido fica. [...]

Participantes: no mínimo três.

Como brincar: uma das crianças é escolhida para representar o mestre. A brincadeira inicia com ela dizendo: "Boca de forno". E a turma responde: "forno". Ela continua: "tirando o bolo". E o resto diz: "bolo". Ela novamente: "Fareis tudo o que seu mestre mandar?". O grupo fala: "Faremos!". Nesse momento, o mestre dá uma ordem e cada um dos participantes tem de cumpri-la. Ele pode, por exemplo, pedir aos colegas que andem até um determinado ponto e voltem pulando em um pé só ou que busquem algum objeto. O primeiro que chegar se torna o chefe [mestre] e o último recebe um castigo.

Diversão de antigamente que ainda hoje encanta, de Cristiane Marangon. Disponível em: <http://revistaescola.abril.com.br/educacao-infantil/4-a-6-anos/diversao-antigamente-ainda-hoje-encanta-422969.shtml>. Acesso em: 9 fev. 2015.

- Você conhecia essa brincadeira?
- Você já brincou de **Boca de forno**? Como foi?

GlobalStock/iStock/Getty Images

Crianças brincando de **Passa anel**.

VP Photo Studio/Shutterstock/Glow Images

Crianças brincando de **Amarelinha**.

Michael Hitoshi/Photodisc/Getty Images

Brincadeira das **Cinco marias**.

ArtisticCaptures/iStock/Getty Images

Crianças brincando de **Corrida de saco**.

- Você conhece alguma(s) dessas brincadeiras? Quem a(s) ensinou para você?
- As brincadeiras que você vivenciou hoje são iguais ou diferentes das de antigamente?
- Pergunte a alguém da família se já brincou de alguma(s) dessas brincadeiras.

Texto 2
Aquarela

Numa folha qualquer eu desenho um sol amarelo
E com cinco ou seis retas é fácil fazer um castelo.
Corro o lápis em torno da mão e me dou uma luva,
E, se faço chover, com dois riscos tenho um guarda-chuva.

Se um pinguinho de tinta cai num pedacinho azul do papel,
Num instante imagino uma linda gaivota a voar no céu.
Vai voando, contornando a imensa curva Norte e Sul,
Vou com ela, viajando, Havaí, Pequim ou Istambul.
Pinto um barco à vela branco, navegando,
É tanto céu e mar num beijo azul.

Entre as nuvens vem surgindo um lindo avião rosa e grená.
Tudo em volta colorindo, com suas luzes a piscar.
Basta imaginar e ele está partindo, sereno, indo,
E se a gente quiser ele vai pousar.

Numa folha qualquer eu desenho um navio de partida
Com alguns bons amigos bebendo de bem com a vida.
De uma América a outra eu consigo passar num segundo,
Giro um simples compasso e num círculo eu faço o mundo.

Um menino caminha e caminhando chega num muro
E ali logo em frente, a esperar pela gente, o futuro está.
E o futuro é uma astronave que tentamos pilotar,
Não tem tempo nem piedade, nem tem hora de chegar.
Sem pedir licença muda nossa vida, depois convida a rir ou chorar.

Nessa estrada não nos cabe conhecer ou ver o que virá.
O fim dela ninguém sabe bem ao certo onde vai dar.
Vamos todos numa linda passarela
De uma aquarela que um dia, enfim, descolorirá.

Numa folha qualquer eu desenho um sol amarelo (que descolorirá).
E com cinco ou seis retas é fácil fazer um castelo (que descolorirá).
Giro um simples compasso e num círculo eu faço o mundo (que descolorirá).

Aquarela, de Toquinho, Vinicius de Moraes, G. Morra e M. Fabrizio.
Trinta anos de música (CD). Sony Music, 2006.

Reprodução/Sony Music

compasso: instrumento usado para traçar curvas ou circunferências.

grená: cor vermelho-amarronzada.

Ilustra Cartoon/Arquivo da editora

Por dentro do texto

1 Complete as informações.

a) **Aquarela** é uma letra de canção e está organizada em forma de

.... com .... estrofes.

b) Seus autores são:

....

....

2 Nessa letra de canção, os autores descrevem o ato de desenhar usando a imaginação.

a) Na segunda estrofe, sublinhe o que surgiu de um pinguinho de tinta.

b) Escreva o que a imaginação fez surgir:

- entre as nuvens: ....
- com cinco ou seis retas: ....
- num círculo: ....
- com dois riscos: ....

c) Você acha fácil desenhar? Por quê?

....

....

3 A letra de canção faz referências a alguns lugares. Quais são eles?

....

....

....

4 Usando sua imaginação, faça desenhos de acordo com estes versos.

a) "Numa folha qualquer eu desenho um sol amarelo"

b) "E com cinco ou seis retas é fácil fazer um castelo"

c) "Numa folha qualquer eu desenho um navio de partida"

d) "Giro um simples compasso e num círculo eu faço o mundo"

5 Na letra da canção, o futuro é comparado a quê?

....

6 Qual é a palavra repetida na última estrofe, no final de três versos?

....

- O que essa palavra significa?

....

7 Pinte o avião abaixo de rosa e grená.

Ilustra Cartoon/Arquivo da editora

8 Em "Vou com **ela**, viajando", a que se refere a palavra destacada?

....

9 Marque um **X** na frase que contém uma palavra cujo significado é semelhante a **sereno**.

◯ O menino ia afobado para a escola.

◯ O menino ia irritado para a escola.

◯ O menino ia tranquilo para a escola.

10 Assinale a palavra que indica o significado do verbo **corro** no verso.

"**Corro** o lápis em torno da mão e me dou uma luva"

◯ fixo ◯ deslizo ◯ mantenho

11 O verso "O fim dela ninguém sabe bem ao certo onde vai dar" indica:

◯ certeza. ◯ confiança. ◯ dúvida.

Aprendendo gramática

Artigo

1 Releia estes versos da canção:

"Numa folha qualquer eu desenho **um** navio de partida"

"E o futuro é **uma** astronave que tentamos pilotar"

"Corro **o** lápis em torno da mão e me dou uma luva"

Ilustra Cartoon/Arquivo da editora

- Agora escreva as palavras destacadas que aparecem antes dos substantivos.

.... navio .... astronave .... lápis

As palavras que você escreveu são chamadas de **artigos**.
Os artigos acompanham os substantivos.

Observe:

o castelo	**a** planta	**um** menino	**uma** nuvem
os aviões	**as** folhas	**uns** brinquedos	**umas** gaivotas

Os artigos são: **o**, **a**, **os**, **as**, **um**, **uma**, **uns**, **umas**.

2 Escreva o nome das figuras, colocando os artigos antes dos substantivos. Veja o exemplo.

John Panella/Shutterstock/Glow Images

o/um ônibus

Zadorozhnyi Viktor/Shutterstock/Glow Images

....

StevenRussellSmithPhotos/Shutterstock/Glow Images

....

3 Complete o texto com artigos.

O sonho de Emília

Tudo começou com .... gritaria danada.

— Socorro, socorro! Alguém me ajude!!!!! — berrou Emília.

Narizinho acorda assustada. Afasta .... cobertas, dá .... pulo da cama e num instante está no outro canto do quarto.

— O que foi, Emília, o que aconteceu?

.... boneca senta-se na redinha estendida entre .... pés da cadeira. Agitada, tenta dizer alguma coisa, mas não sai nem .... sonzinho. Narizinho lhe dá .... copo-d'água.

Gluct, gluct, gluct. Como num passe de mágica, Emília desengasga e solta .... língua.

— A mancha!!! .... mancha que vira crocotó!!!

Narizinho olha ao redor e nada vê.

— É .... crocotó enorme que se desprendeu de .... quadro na parede e veio rolando pra cima de mim.

Emília nem respira de tão aflita.

— Parecia .... bola de neve de desenho animado, só que era vermelha, da cor do gorro do saci.

— Daí foi chegando perto, pertinho, ia passar por cima de mim e me deixar esborrachada feito massa de pastel...

— Calma, Emília. Foi só .... pesadelo!

— Mas parecia real, Narizinho! Dava até pra sentir .... tinta grudenta...

— Já sei, você comeu de novo .... piruá da pipoca. A vovó avisou que faz mal, mas você é teimosa!...

A turma do Sítio na Semana de 22: uma aventura modernista, de Marcia Camargos. São Paulo: Globo, 2011.

Escrevendo certo

l, u

Leia, a seguir, algumas palavras escritas com a consoante **l**. Perceba os diferentes sons dessa consoante.

inte**l**igente	pessoa**l**	ba**l**de	va**l**ente	sensíve**l**
go**l**finho	co**l**ega	especia**l**	ú**l**timo	

1 Reescreva as frases de acordo com o código ao lado.

▲ → l

■ → u

a) O So▲ brilho■ no cé■ azu▲.

....

b) Vo■ comer me■ minga■ com me▲.

....

2 Troque o **u** pelo **l** e forme outras palavras.

a) cauda ....

b) mau ....

c) meu ....

d) abriu ....

3 Leia as palavras em voz alta e, depois, separe-as em dois grupos.

mala   alma   colcha   laço   aula   anel

l com som u	l com som lê

4 Com base na atividade anterior, responda:

a) Quando tem som **u**, o **l** aparece em qual posição na sílaba?

....

b) Quando tem som **lê**, essa consoante aparece em qual posição na sílaba?

....

5 Ajude o caracol a chegar até a folha.

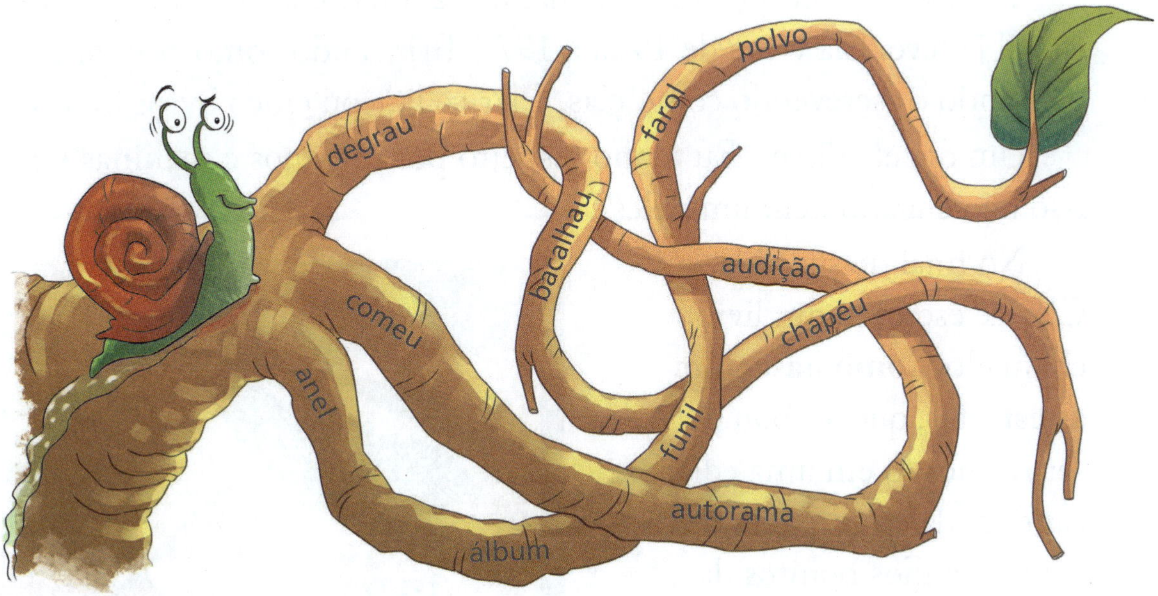

Ilustra Cartoon/Arquivo da editora

- Agora observe as palavras do caminho que leva o caracol até a folha. O que há em comum entre elas?

....

6 O professor vai ditar algumas palavras. Complete as frases com elas.

a) O gato estava no .... comendo um prato de ....

b) O leitor .... o .... do mês de ....

c) O .... do sapato ....

Texto 3

Livro de Clarice Lispector conta 12 lendas brasileiras para crianças

MORRIS KACHANI
DE SÃO PAULO

8/11/2014 00h01

Clarice Lispector é uma das maiores contadoras de história que o Brasil já teve. Ela viveu de 1920 a 1977. Brincando como as crianças, pensando e escrevendo como elas, Clarice lançou cinco livros infantis.

Um dia ela disse: "Eu tenho respeito por meninos e meninas e por isso não engano nenhum deles".

Reprodução/Editora Rocco

No final de sua vida, Clarice escreveu um livro chamado **Como nasceram as estrelas**, que acabou de ser relançado em uma edição caprichada em capa dura e com desenhos bonitos da ilustradora Suryara.

"O que é que pode mais do que um sonho?", Clarice pergunta logo no começo. O livro reúne 12 lendas herdadas da tradição brasileira. Os textos foram encomendados por uma fábrica de brinquedos para a montagem de um calendário, então cada lenda é relativa a um mês do ano.

Tem a festa na mata, que levou os animais a perderem a fala. Tem o Curupira, que ninguém nunca sabe onde está; o Saci, diabinho de uma perna só (apesar de miraculosamente cruzar a perna); e muitos outros contos, vindos de várias regiões do país.

Com simplicidade e lirismo, Clarice não se contenta apenas em contar as histórias, mas também em comentá-las, a seu modo peculiar. Leitura imperdível, para os papais e também para os filhinhos.

DOZE LENDAS BRASILEIRAS: COMO NASCERAM AS ESTRELAS

AUTORA Clarice Lispector

EDITORA Rocco

INDICAÇÃO a partir de 6 anos

Reprodução/<www1.folha.uol.com.br/folhinha/2014/11/1544813-livro-de-clarice-lispector-conta-12-lendas-brasileiras-para-criancas>

Folha de S.Paulo, 8 nov. 2014. Folhinha. Disponível em: <www1.folha.uol.com.br/folhinha/2014/11/1544813-livro-de-clarice-lispector-conta-12-lendas-brasileiras-para-criancas.shtml>. Acesso em: 9 abr. 2015.

Acervo UH/Folhapress

Clarice Lispector nasceu em 1920 em Tchetchelnik, na Ucrânia, e mudou-se com a família para o Brasil em 1925. Ela estudou Direito, mas logo descobriu que gostava mesmo era de escrever. Em 1940, inicia sua carreira como redatora e repórter. Durante muitos anos conciliou a produção literária com trabalhos como jornalista e tradutora. Escreveu vários romances e livros de contos para adultos, mas também publicou cinco livros infantis: **Quase de verdade**, **O mistério do coelho pensante**, **A vida íntima de Laura**, **A mulher que matou os peixes** e **Doze lendas brasileiras: como nasceram as estrelas**. A escritora faleceu em 1977.

Por dentro do texto

1 O texto que você acabou de ler é:

( ) um poema.

( ) um texto informativo.

( ) uma lenda.

2 Quem escreveu esse texto?

....

3 O texto fala de uma importante escritora brasileira. Qual é o nome dela?

....

4 O texto apresenta informações sobre qual livro da escritora?

....

5 Quem ilustrou o livro?

....

6 Quantos livros infantis Clarice Lispector escreveu?

....

7 Por que a escritora escreveu esse livro?

....

....

....

....

8 Que tipo de histórias são encontradas no livro?

- ◯ O livro reúne 12 lendas indígenas.
- ◯ O livro reúne 12 poemas.
- ◯ O livro reúne 12 lendas herdadas da tradição brasileira.
- ◯ O livro reúne 12 histórias de terror.

9 O texto fala de alguns personagens das histórias do livro. Que personagens são esses?

....

....

10 O livro é indicado para leitores de qual idade?

....

11 Você ficou com vontade de ler esse livro? Por quê?

....

....

....

....

12 Faça como o autor do texto lido: escolha um livro de que você tenha gostado muito de ler e conte para os colegas por que você gostou dessa obra. Não se esqueça de falar sobre os seguintes itens:

- título da obra;
- nome do autor;
- nome do ilustrador;
- nome da editora;
- assunto do livro;
- por que você recomenda a leitura do livro.

Aprendendo gramática

Substantivo: singular e plural

Leia estas frases e observe o que está em destaque.

Nasce uma **flor** no jardim. — singular

Balões subiram ao céu. — plural

O substantivo **singular** indica apenas um elemento: pessoa, animal, objeto, etc.

O substantivo **plural** indica mais de um elemento: pessoas, animais, objetos, etc.

1 Reescreva o título do livro de Clarice Lispector colocando as palavras no singular.

"Doze lendas brasileiras: como nasceram as estrelas"

....

2 Existem várias maneiras de formar o plural das palavras. Escreva os substantivos no plural, de acordo com os exemplos, e conheça algumas dessas formas.

a) acrescentando **s**

rio: rios

maçã: ....

mãe: ....

b) trocando **ão** por **ãos**

irmão: irmãos

cidadão: ....

chão: ....

c) acrescentando **es**

cartaz: cartazes

mar: ....

nariz: ....

d) trocando **ão** por **ões**

avião: aviões

balão: ....

botão: ....

e) trocando **ão** por **ães**

pão: pães

cão: ....

capitão: ....

h) trocando **m** por **ns**

homem: homens

bombom: ....

jardim: ....

f) trocando **al** por **ais**

jornal: jornais

canal: ....

avental: ....

i) trocando **il** por **is**

fuzil: fuzis

canil: ....

barril: ....

g) trocando **el** por **éis**

anel: anéis

pastel: ....

papel: ....

j) trocando **ol** por **óis**

anzol: anzóis

farol: ....

caracol: ....

3 Marque a alternativa que apresenta apenas substantivos no plural.

( ) bichos, casas, cão, olhos

( ) mãos, piões, troféus, anéis

4 Indique se as palavras destacadas estão no singular ou no plural.

a) Comprei um **lápis** novo. ....

b) Pedi uns **lápis** emprestados. ....

5 Complete cada frase com o plural do substantivo entre parênteses.

a) Os .... estão em greve. (trabalhador)

b) A embarcação navegou por .... desconhecidos. (mar)

c) Ganhei uma caixa de .... (bombom)

d) Os .... estão sendo preparados. (pastel)

e) Os .... chegaram em visita ao Brasil. (alemão)

Escrevendo certo

-isar, -izar

1 Leia os balões.

Ilustra Cartoon/Arquivo da editora

- Agora distribua as palavras destacadas de acordo com as indicações abaixo.

Palavras terminadas em **-isar**	Palavras terminadas em **-izar**
....	....
....	....

A palavra **pesquisar** vem da palavra **pesquisa**.

A palavra **avisar** vem da palavra **aviso**.

> Quando a palavra de origem tem **s** (pesqui**s**a, avi**s**o), o verbo mantém essa letra: pesqui**s**ar, avi**s**ar.

Já a palavra **tranquilizar** vem da palavra **tranquilo**.

> Quando a palavra de origem não tem **s** (tranquilo), o verbo é escrito com **z**: tranquili**z**ar.

2 Complete as frases com os verbos do quadro.

realizar	pisar	economizar	alisar	analisar	visualizou

a) Cuidado para não .... na grama.

b) Devemos sempre .... energia elétrica.

c) A diretora da escola precisa .... o problema para chegar a uma solução.

d) É tão bom .... os nossos sonhos!

e) Pedro vai .... as roupas com o ferro de passar.

f) Alice .... a mensagem.

- Agora escreva as palavras que originaram os verbos terminados em:

-isar	**-izar**
pisar →	realizar → ....
alisar →	economizar → ....
analisar →	visualizar → ....

3 Forme verbos a partir dos substantivos dados.

a) cicatriz → ....

b) local → ....

c) revisão → ....

d) paralisia → ....

Ilustra Cartoon/Arquivo da editora

Convite

Ilustra Cartoon/Arquivo da editora

Poesia
é brincar com palavras
como se brinca
com bola, papagaio, pião.

Só que
bola, papagaio, pião
de tanto brincar
se gastam.

As palavras não:
quanto mais se brinca
com elas
mais novas ficam.

Como a água do rio
que é água sempre nova.

Como cada dia
que é sempre um novo dia.

Vamos brincar de poesia?

Poemas para brincar, de José Paulo Paes. São Paulo: Ática, 2011.

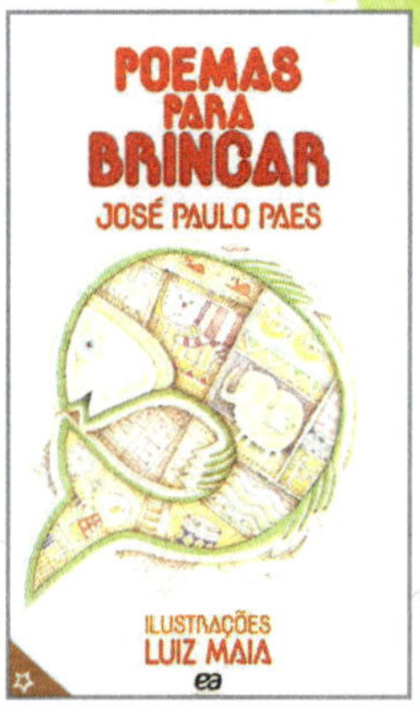

Reprodução/Editora Ática

Por dentro do texto

1 O título do poema que você acabou de ler é **Convite**. Que convite é esse que o poeta nos faz?

....

2 Para o poeta José Paulo Paes, o que é poesia?

....

3 Um poema é feito de versos. Quantos versos há nesse poema?

....

4 O poeta diz que brincar com palavras é como brincar com alguns brinquedos. Quais são esses brinquedos?

....

5 Segundo o autor, qual é a diferença entre brincar com brinquedos e brincar com palavras?

....

....

6 A repetição de sons de duas ou mais palavras nos versos de uma poesia é chamada de **rima**. Circule as palavras que rimam nos seguintes versos.

> "Como cada dia
> que é sempre um novo dia.
>
> Vamos brincar de poesia?"

Kanton/Arquivo da editora

- Você conhece outras palavras que rimem com **dia** e **poesia**? Escreva-as.

....

Aprendendo gramática

Substantivo: masculino e feminino

Observe:

a Lua 

Suppakij1017/ Shutterstock/Glow Images

o rio 

Andriy Solovyov/ Shutterstock/Glow Images

Os substantivos podem ser masculinos ou femininos.

Lua é um **substantivo feminino**. Antes de substantivos femininos, usamos os artigos **a**, **as**, **uma**, **umas**.

Rio é um **substantivo masculino**. Antes de substantivos masculinos, usamos os artigos **o**, **os**, **um**, **uns**.

1 Releia o quarto verso do poema **Convite** e complete os itens a seguir.

a) Substantivos masculinos: .... e ....

b) Substantivo feminino: ....

2 Leia abaixo alguns substantivos masculinos e seus correspondentes femininos. Complete os casos que estão faltando.

amigo →	gato → ....
ator → atriz	genro → nora
autor →	irmão → ....
boi →	juiz → ....
cavalo → égua	macho → fêmea
carneiro → ovelha	padrasto → ....
cavaleiro → amazona	padrinho → ....
compadre →	cantor → ....

3 Faça um **X** na frase que apresenta o substantivo **jovem** no feminino.

( ) O jovem chegou atrasado. ( ) A jovem chegou atrasada.

O que você observou para dar a resposta acima?

....

....

4 Use as palavras do quadro para formar pares com as palavras abaixo. Veja o exemplo.

madrinha	órfã	amiga	ovelha	irmã	amazona

carneiro: ovelha órfão: ....

padrinho: .... irmão: ....

amigo: .... cavaleiro: ....

- Agora complete as frases com os pares de substantivos acima. Cada substantivo deve ser usado apenas uma vez.

a) O .... e a .... produzem lã.

b) Minha .... e meu .... chegaram ontem de viagem.

c) Ele é meu .... e sua esposa é minha ....

d) O menino .... e sua irmã .... foram recebidos com muita alegria naquela família.

e) O .... vencedor do torneio foi Gustavo, e a .... vencedora foi Dorinha.

f) Chegaram juntos à escola: o .... e sua ....

Escrevendo certo

e, i em final de palavra

1 Leia em voz alta as palavras dos dois grupos. Preste atenção na pronúncia da última sílaba.

1

noite	elefante
hoje	explode

2

javali	abacaxi
bem-te-vi	aqui

a) Com que letra terminam as palavras do grupo 1?

....

b) Com que letra terminam as palavras do grupo 2?

....

A letra **e**, em final de palavra, costuma ser pronunciada com som de **i**.

2 Complete as palavras de acordo com o código.

e → ▲
i → ■

a) sum■: ....

b) beg▲: ....

c) verd▲: ....

d) estremec▲: ....

e) sucur■: ....

f) omelet▲: ....

g) sab▲: ....

h) fug■: ....

i) pot▲: ....

j) sac■: ....

3 Complete as palavras com **e** ou **i**.

cidad......	caqu......	esport......
al......	livr......	lambar......
vint......	elefant......	quat......

a) Separe as sílabas das palavras da atividade e circule a sílaba tônica de cada uma delas.

....

....

....

b) Distribua essas palavras no quadro de acordo com as indicações.

Palavras terminadas em **e**	Palavras terminadas em **i**
......	......
......	......
......	......
......	......
......	......

4 Complete as palavras das frases com **e** ou **i**.

Ilustrações: Ilustra Cartoon/ Arquivo da editora

a) Tome...... leite quent...... e com...... bolo de chocolat...... com crem.......

b) Suje...... meu uniform...... com molho de tomat.......

Texto 5

Festas do ano inteirinho — Natal de Madalena

Quero que vocês conheçam
Esta menina morena
Dos olhos muito bonitos
Que se chama Madalena.

Ela gosta de brincar
De boneca e de casinha.
Mas o que ela mais gosta
É de uma boa festinha.

Festinha de aniversário,
Com bolas, com bolo e bala.
Com velinhas pra apagar
E os grandes... fora da sala!

E a festa do Carnaval?
Com confete e serpentina,
Fantasia de palhaço,
De havaiana e bailarina...

Quando é domingo de Páscoa
Madalena e o irmãozinho
Esperam, muito contentes,
A chegada do coelhinho...

Depois, no Dia das Mães,
Madalena, sorridente,
Diz um verso bem bonito
Pra mamãe ficar contente.

Quando chega Santo Antônio
Tem festa lá na chacrinha.
A Mada come pipoca
Vestida de caipirinha.

JANEIRO 2016

D	S	T	Q	Q	S	S
					1	2
3	4	5	6	7	8	9
10	11	12	13	14	15	16
17	18	19	20	21	22	23
24/31	25	26	27	28	29	30

FEVEREIRO 2016

D	S	T	Q	Q	S	S
	1	2	3	4	5	6
7	8	9	10	11	12	13
14	15	16	17	18	19	20
21	22	23	24	25	26	27
28	29					

MARÇO 2016

D	S	T	Q	Q	S	S
		1	2	3	4	5
6	7	8	9	10	11	12
13	14	15	16	17	18	19
20	21	22	23	24	25	26
27	28	29	30	31		

ABRIL 2016

D	S	T	Q	Q	S	S
					1	2
3	4	5	6	7	8	9
10	11	12	13	14	15	16
17	18	19	20	21	22	23
24	25	26	27	28	29	30

MAIO 2016

D	S	T	Q	Q	S	S
1	2	3	4	5	6	7
8	9	10	11	12	13	14
15	16	17	18	19	20	21
22	23	24	25	26	27	28
29	30	31				

JUNHO 2016

D	S	T	Q	Q	S	S
			1	2	3	4
5	6	7	8	9	10	11
12	13	14	15	16	17	18
19	20	21	22	23	24	25
26	27	28	29	30		

Ilustra Cartoon/ Arquivo da editora

São João também tem festa
Com foguete e paçoquinha.
O quintal todo enfeitado
De lanterna e bandeirinha.

Chega o dia do papai.
Madalena, de surpresa,
Faz, ela mesma, um presente.
Fica mesmo uma beleza!

Quando é Sete de Setembro
O irmão da Mada, animado,
Faz um chapéu de papel
E marcha como soldado!

Então chega a primavera
Com sua porção de flores
De todo jeito e tamanho
E com todas suas cores.

Durante o ano inteirinho
Muitas festas vêm chegando.
Mas tem uma, a mais bonita,
Que a Mada fica esperando...

Festa de Papai Noel
Das árvores tão bonitas!
É o dia da alegria,
Dos presentes, das visitas...

É o dia do presépio,
É a festa da criança,
É o dia em que renasce
A amizade e a esperança.

Mas durante todo o ano,
É a mesma festa, afinal!
Pois cada criança que nasce
É novamente Natal!

Almanaque Ruth Rocha, de Ruth Rocha. São Paulo: Salamandra, 2011.

Reprodução/Editora Salamandra

renasce: nasce novamente, aparece de novo.

JULHO 2016						
D	S	T	Q	Q	S	S
					1	2
3	4	5	6	7	8	9
10	11	12	13	14	15	16
17	18	19	20	21	22	23
24/31	25	26	27	28	29	30

AGOSTO 2016						
D	S	T	Q	Q	S	S
	1	2	3	4	5	6
7	8	9	10	11	12	13
14	15	16	17	18	19	20
21	22	23	24	25	26	27
28	29	30	31			

SETEMBRO 2016						
D	S	T	Q	Q	S	S
				1	2	3
4	5	6	7	8	9	10
11	12	13	14	15	16	17
18	19	20	21	22	23	24
25	26	27	28	29	30	

OUTUBRO 2016						
D	S	T	Q	Q	S	S
						1
2	3	4	5	6	7	8
9	10	11	12	13	14	15
16	17	18	19	20	21	22
23/30	24/31	25	26	27	28	29

NOVEMBRO 2016						
D	S	T	Q	Q	S	S
		1	2	3	4	5
6	7	8	9	10	11	12
13	14	15	16	17	18	19
20	21	22	23	24	25	26
27	28	29	30			

DEZEMBRO 2016						
D	S	T	Q	Q	S	S
				1	2	3
4	5	6	7	8	9	10
11	12	13	14	15	16	17
18	19	20	21	22	23	24
25	26	27	28	29	30	31

Por dentro do texto

1. O título do poema é **Festas do ano inteirinho — Natal de Madalena**. Por que ele recebeu esse título?

2. Quantas festas ou datas comemorativas são citadas no poema? Quais são elas?

3. Qual das festas citadas é a sua favorita? Por quê?

- Circule a estrofe que destaca sua festa preferida. Depois, faça um desenho para ilustrá-la.

4 Releia este verso:

> "E os grandes... fora da sala!"

- No poema, quem são "os grandes"?

( ) as crianças altas   ( ) os adultos

5 Madalena gosta mais de brincar ou gosta mais de festa?

....

- Copie a estrofe que justifica sua resposta.

....

....

....

....

6 Para Madalena, qual é a festa mais bonita?

....

7 Releia estes versos:

> "É o dia em que renasce
> A amizade e a esperança."

a) A que data comemorativa se referem esses versos? Em que dia e mês do ano ela ocorre?

....

b) Explique com suas palavras o que significam esses versos.

....

....

....

Aprendendo gramática

Substantivo: aumentativo e diminutivo

Leia a frase abaixo, observando as palavras destacadas.

> Clara doou à biblioteca do bairro um **livro** de receitas, um **livrinho** de parlendas e um **livrão** de contos de fadas.

O substantivo **livro** está no grau normal, o substantivo **livrinho** está no grau diminutivo, e o substantivo **livrão** está no grau aumentativo.

Observe:

livro
grau normal

livrinho
grau diminutivo

livrão
grau aumentativo

Ilustrações: Ilustra Cartoon/ Arquivo da editora

> O substantivo modifica-se em **grau** para indicar a **variação de tamanho** dos seres.

1 Releia os versos a seguir, observando as palavras destacadas.

> “Quando é domingo de Páscoa
> Madalena e o **irmãozinho**
> Esperam, muito contentes,
> A chegada do **coelhinho**...”

a) As palavras destacadas estão no grau:

( ) normal. ( ) aumentativo. ( ) diminutivo.

b) Coloque essas palavras no grau normal.

....

2 Relacione as colunas. Veja o exemplo.

Grau diminutivo		Grau normal		Grau aumentativo	
narizinho	( )	casa	(1)	irmãzona	( )
casinha	(1)	boca	(2)	casarão	(1)
boquinha	( )	nariz	(3)	narigão	( )
irmãzinha	( )	irmã	(4)	bocarra	( )

3 Complete o quadro com o diminutivo e o aumentativo de substantivos retirados do texto **Festas do ano inteirinho — Natal de Madalena**.

Grau normal	Grau diminutivo	Grau aumentativo
		bonecona
menina		
festa		festança
casa		casarão
bola		bolão
foguete		
irmão	irmãozinho	
		coelhão
chapéu		
criança		criançona
		presentão
		bonitona
		florona/florzona

Escrevendo certo

o, u em final de palavra; ou

Releia estes versos do poema:

"Faz um chapéu de papel
E marcha como soldado!"

Compare estas palavras:

chapé**u** soldad**o**

A letra **o**, em final de palavra, costuma ser pronunciada com som de **u**.

Agora leia em voz alta as palavras abaixo.

rio	todo	touro	pouco
lago	fogo	vou	couro

A letra **u**, do encontro **ou**, geralmente não é pronunciada em algumas palavras.

1. Leia o poema e complete as palavras de acordo com o código.

♦ → o
♣ → ou

É o que há

O que há de n♦vo? ....

Muita galinha, p♣co ♦vo. ....

P♣ca farinha, muito p♦vo. ....

Um jeito bom de brincar, de Elias José. São Paulo: FTD, 2002.

Kanton/Arquivo da editora

2 Complete as palavras com **o** ou **u**.

ov........	xamp........	carur........
espert........	caj........	cach........
ang........	cadern........	dinheir........
caroç........	retrat........	prédi........

a) Circule a sílaba tônica dessas palavras.

b) Distribua essas palavras de acordo com as indicações.

Palavras terminadas em **o**	Palavras terminadas em **u**
....	....
....	....
....	....
....	....

c) O que você observou com relação à sílaba tônica das palavras terminadas em **u**?

....

....

3 Complete as palavras substituindo os símbolos por **o** ou **ou**, de acordo com o código.

▲ → o
● → ou

a) d●rado ....

b) n▲vo ....

c) nam▲ro ....

d) lav●ra ....

e) l●ro ....

f) s▲luço ....

g) cor▲a ....

h) p▲ço ....

i) p●co ....

De olho no dicionário

Observe esta página de dicionário. Depois faça as atividades na página seguinte.

ferir **ficar**

ferir fe·***rir***
v. 1. Machucar, causar ferimento: *a pedra que jogaram feriu a menina.*
v.pron. **ferir-se** 2. Machucar-se: *a costureira feriu-se com a tesoura.*

feroz fe·***roz***
adj.masc.fem. Aquele que é forte e está sempre disposto a atacar: *o tigre é um animal feroz; sua coragem assusta os caçadores.*
❖ *pl.* ferozes. *superl.* ferocíssimo.

ferramenta fer·ra·***men***·ta
s.fem. 1. Objeto empregado para executar um trabalho manual: *o serrote e o martelo são ferramentas.* 2. *fig.* Qualquer meio usado para atingir determinado fim: *esse livro é uma ótima ferramenta para ensinar inglês.* 3. *Inform.* Recurso que um programa de computador, ou um site da internet, põe à disposição do usuário para executar certas tarefas: *este site tem uma ferramenta de busca que nos permite achar outros sites sobre o assunto que estamos pesquisando.*

férreo ***fér***·re:o
adj. Feito de ferro: *os trens circulam por estradas férreas.*

ferrovia fer·ro·***vi***·a
s.fem. Estrada de ferro: *muitas cidades do Brasil são ligadas por ferrovias.*

ferroviário fer·ro·vi·***á***·ri:o
adj. Que se refere à ferrovia: *transporte ferroviário.*

fértil ***fér***·til
adj.masc.fem. Que produz bastante, que é fecundo: *terra fértil.*
❖ *pl.* férteis.
→ Veja também **estéril** e **fecundo**.

fertilizar fer·ti·li·***zar***
v. Tornar fértil: *o adubo fertiliza a terra.*

ferver fer·***ver***
v. Entrar em ebulição. Quando esquentamos bastante um líquido, ele ferve, isto é, começam a surgir bolhas na superfície e ele vai se transformando em vapor: *a água já está fervendo.*

fervor fer·***vor***
s.masc. Ardor, paixão: *admiro seu fervor religioso, sua grande devoção às coisas religiosas.*

fervoroso fer·vo·***ro***·so (ô)
adj. Cheio de fervor, de devoção: *a mulher fez uma oração fervorosa.*
❖ *fem.* fervorosa (ó). *pl.* fervorosos (ó), fervorosas (ó).

festejar fes·te·***jar***
v. Comemorar com festa ou alegria: *vamos festejar seu aniversário.*

festividade fes·ti·vi·***da***·de
s.fem. Comemoração: *as festividades da Semana da Pátria começarão amanhã.*

festivo fes·***ti***·vo
adj. Alegre, de festa: *dia festivo.*

fétido ***fé***·ti·do
adj. Que tem mau cheiro, fedorento: *a chaminé daquela fábrica soltava uma fumaça fétida.*

fevereiro fe·ve·***rei***·ro
s.masc. O segundo mês do ano: *fevereiro é o mês mais curto do ano.*

fezes ***fe***·zes (é)
s.fem.pl. Excremento, cocô: *ele vai fazer um exame de fezes nesse laboratório.*

fiado fi·***a***·do
adv. A crédito: *ela comprou fiado o livro, vai pagá-lo só no fim do mês.*

fiapo fi·***a***·po
s.masc. Fiozinho: *quando a costureira terminou o vestido, o chão estava cheio de fiapos.*

fiasco fi·***as***·co
s.masc. Fracasso, vexame: *a apresentação do cantor foi um fiasco; ninguém gostou e ele foi muito vaiado.*

ficar fi·***car***
v. 1. Permanecer: *ele ficou em casa ontem.* 2. Prometer: *ele ficou de me visitar.* 3. Situar-se: *minha casa fica perto da escola.* 4. *gír.* Trocar beijos e abraços sem intenção de namoro: *ontem, na festa, ela ficou com esse garoto.*
v.lig. 5. Tornar-se: *ele ficou orgulhoso depois que enriqueceu.*

F

247

Moderno dicionário escolar, de Douglas Tufano. São Paulo: Moderna, 2005.

1. Quantos verbetes há na página de dicionário que você acabou de ver?

2. O que indicam as palavras **ferir** e **ficar**, compostas no alto dessa página?

3. Há três verbetes indicados na página que têm relação com o tema do texto **Festas do ano inteirinho — Natal de Madalena**. Que verbetes são esses?

4. Qual é o sentido da palavra **festejar**, de acordo com esse dicionário?

5. Qual frase foi usada para exemplificar o verbete **festejar**?

6. Escreva duas frases em que essa palavra seja usada com o mesmo significado.

7. Marque a frase abaixo em que a palavra destacada tem o mesmo sentido que **festejar**.

( ) Domingo vou **comemorar** o seu aniversário.

( ) Domingo vou **presenteá-lo**, afinal vai ser seu aniversário.

( ) Domingo vou **cumprimentá-lo** pelo seu aniversário.

Ideias em ação

Relato pessoal

Nesta Unidade você percebeu como é bom fazer atividades prazerosas, como ler, desenhar e brincar com as palavras.

No texto **As nossas brincadeiras**, a personagem Tainá faz um relato pessoal, contando sobre suas brincadeiras preferidas.

Que tal você também escrever um relato pessoal narrando alguma coisa que gosta muito de fazer?

Para se inspirar, leia relatos pessoais de crianças sobre o Carnaval.

Ilustra Cartoon/Arquivo da editora

"O mais legal do Carnaval são os bonecos que correm atrás da gente na rua. Tenho várias fantasias e adoro a música da latinha, que diz que não sobra nada na Quarta-Feira de Cinzas."

Maria Livia, 4 anos, São Luiz do Paraitinga, SP.

"Em Brasília é legal porque a gente veste fantasia e brinca de dançar e jogar *spray* e confete. Pulo no bloco do Sovaco da Asa. Eu me visto de flor, arrumo o cabelo e vou para o Carnaval. Tem gente que nem usa fantasia, coloca só a camiseta do bloco. Mas eu adoro as fantasias! De Mulher Maravilha, então... E a música é o melhor! Tem muitas batidas de tambor e o povo sai andando com a banda. Minha irmã de três anos também gosta. Ela já foi até de Pedrita."

Mariana, 7 anos, Brasília, Distrito Federal.

Abre-alas, de Thais Caramico. **O Estado de S. Paulo**, São Paulo, 2011. Estadinho. Disponível em: <http://blogs.estadao.com.br/estadinho/files/2011/03/est05.jpg>. Acesso em: 10 fev. 2015.

Planejando suas ideias

Escolha alguma atividade que você gosta muito de fazer. Pode ser uma brincadeira, um passeio, uma atividade escolar ou algo que você geralmente adora fazer com seus amigos ou sua família.

Tente lembrar-se de todos os detalhes: quando e onde a atividade é realizada, quem participa dela, como tudo acontece.

Rascunho

Antes de começar a escrever seu texto, releia o texto **As nossas brincadeiras** e também os relatos da página anterior. Observe como eles foram escritos, como iniciam e como terminam.

Atente também para os seguintes detalhes:

- O texto deve ser escrito contando o que você pensa ou sente sobre a atividade que você gosta muito de fazer.
- Ele deve conter início, meio e fim.

Escreva seu texto nas páginas de rascunho do **Caderno de produção de texto**.

Revisando suas ideias

Retome os pontos do planejamento e do rascunho para saber se você não se esqueceu de nenhum detalhe de seu texto. Peça ao professor que leia o seu texto e que o oriente em como melhorá-lo.

Texto final

Agora reescreva seu relato pessoal, fazendo as correções que forem necessárias. Use as páginas do **Caderno de produção de texto** para registrar seu texto finalizado. Se quiser, você pode fazer desenhos para ilustrar seu relato.

UNIDADE 4

Em defesa dos animais

Vamos conversar?

- Você tem animal de estimação? Qual é o nome dele? Que cuidados são necessários para manter a saúde desse animal?
- Você já ouviu falar de animais que estão ameaçados de extinção?
- O que você acha que poderia ser feito em defesa desses animais?

O que vou estudar?

- Adjetivo e gênero do adjetivo
- Pronome
- Tempos do verbo: presente, passado e futuro
- Verbo: fenômenos da natureza

Ilustra Cartoon/Arquivo da editora

Texto 1

Onde está João?

Para encontrar com o João, é preciso viajar por trilhas na floresta da Amazônia, passar por caminhos estreitos, muito alagados, e rios. E como se isso não bastasse, é necessário ainda pedir informações a um cacique, porque o João habita especialmente terras indígenas. Quem é esse tal de João? É o joão-de-barba-grisalha, uma ave rara e que está ameaçada de extinção.

O joão-de-barba-grisalha tem cor marrom-avermelhada, com a garganta negra de pintinhas brancas, que lembra uma... barba grisalha! Por isso, claro, ganhou este nome. Ele pertence à família *Furnariidae*, a mesma do joão-de-barro, famoso por construir seus ninhos com barro.

J.A. Jacomelli/Acervo do fotógrafo

O joão-de-barba-grisalha passou mais de 160 anos sem ser visto por cientistas e pouco se sabe sobre seus hábitos, apenas que se alimenta principalmente de artrópodes e constrói um ninho muito grande em relação ao seu tamanho. Hoje, a população total da espécie é estimada pelos especialistas em 5 mil indivíduos apenas.

Por ser muito difícil de ser encontrada, a ave acabou sendo colocada na lista dos animais ameaçados de extinção. A situação da espécie só piora com o cultivo de arroz às margens dos rios e dentro das reservas indígenas, lugares onde ela habita. O cultivo é feito de maneira ilegal por agricultores não índios, prejudicando a qualidade da água e destruindo o *habitat* do joão-de-barba-grisalha.

Nome popular: joão-de-barba-grisalha.
Nome científico: *Synallaxis kollari*.
Tamanho: 15,5 centímetros.
Local onde é encontrado: no estado de Roraima, extremo norte da Amazônia.
Habitat: matas de galeria, ao longo dos rios Uraricoera e Tacutu, dentro de savanas amazônicas.

Onde está João?, de Mariana M. Vale. **Ciência Hoje das Crianças**, Rio de Janeiro, SBPC, n. 191, jun. 2008.

artrópodes: animais invertebrados, que possuem esqueleto externo e patas articuladas.

extinção: desaparecimento definitivo de uma espécie animal ou vegetal.

Por dentro do texto

1. O texto que você acabou de ler foi publicado em:

( ) um livro. ( ) um jornal. ( ) uma revista.

2. Esse texto é:

( ) um poema. ( ) uma notícia de jornal. ( ) um texto informativo.

3. De acordo com o texto, o que é preciso fazer para encontrar o joão-de-barba-grisalha?

....

....

4. A quem se deve pedir informações sobre esse pássaro? Por quê?

....

....

5. Por que se sabe pouco sobre o joão-de-barba-grisalha?

....

....

6. O que se sabe sobre os hábitos do joão-de-barba-grisalha?

....

....

....

....

....

7 Por que essa ave está ameaçada de extinção?

....

....

....

....

8 Descreva o joão-de-barba-grisalha.

....

....

....

....

....

9 Localize no mapa do Brasil o estado em que o joão-de-barba-grisalha é encontrado e pinte-o.

Adaptado de:
Atlas geográfico escolar.
6. ed. Rio de Janeiro: IBGE, 2012. p. 94.

Aprendendo gramática

Adjetivo e gênero do adjetivo

Leia o poema a seguir, prestando atenção nas palavras em destaque.

Um mico num galho de ipê

Sou um macaco **serelepe**
Um mico bem **espoleta**
Tenho juba de leão
Tenho cauda de cometa
Quem quiser me conhecer
Vai aqui a descrição:
Sou **escuro** e **irrequieto**
Bem menor que um esquilo
Como fruta, como inseto
E peso quase meio quilo

Sou o mico-leão-da-cara-preta
E nunca tive medo de careta

Só me assusto com o machado
E também com a motosserra
Pois quando avistam as matas
Já vão declarando guerra
Mas enquanto houver um rio
E um pedaço de floresta
Estarei de galho em galho
Pra fazer a minha festa.

Ilustra Cartoon/Arquivo da editora

A volta ao mundo em 80 bichos, de José Santos. São Paulo: Companhia Editora Nacional, 2008.

As palavras destacadas caracterizam e qualificam o mico. Por meio delas ficamos sabendo que o mico é **serelepe**, **espoleta**, **escuro** e **irrequieto**. Estas palavras são chamadas de **adjetivos**.

Os **adjetivos** são palavras utilizadas para atribuir características aos substantivos.

1 Leia o poema a seguir.

Vagão da bicharada

Um urso vaidoso,
um gato apaixonado,
uma vespa gulosa,
formigas delicadas,
um gambá injustiçado
e mais outro gato.

Pode ser bicho exibido,
tímido, corajoso, engraçado,
e até fugitivo.
No vagão da bicharada
tem lugar pra todo tipo:
do comum ao inusitado!

Ilustra Cartoon/Arquivo da editora

Passeio no trem da poesia, de Sônia Barros. Curitiba: Positivo, 2008.

- Copie do texto os adjetivos que se referem aos substantivos abaixo.

urso: ....

gato: ....

vespa: ....

formigas: ....

gambá: ....

bicho: ....

2 Leia atentamente as frases a seguir. Depois complete as informações.

A menin**a** é bonit**a**, simpátic**a** e charmos**a**.
O menin**o** é bonit**o**, simpátic**o** e charmos**o**.

- **Menina** é um substantivo **feminino** e, por isso, os adjetivos que o acompanham também são ....
- **Menino** é um substantivo **masculino** e, por isso, os adjetivos que o acompanham também são ....

3 Leia as frases e circule os adjetivos. Depois complete as frases seguintes com os adjetivos que você circulou. Faça as alterações necessárias.

a) O *skate* é novo e bonito.

A bicicleta é .... e ....

b) O vestido é vermelho e curto.

A saia é .... e ....

Escrevendo certo

Consoante não acompanhada de vogal

Leia a frase e pronuncie em voz alta as palavras destacadas.

O **pneu** do carro de **Edson** furou durante a viagem.

Ilustra Cartoon/Arquivo da editora

Na língua portuguesa existem muitas palavras com encontro de consoantes sem vogal de apoio. Veja algumas.

su**bt**ração	a**dv**ogado	te**cn**ologia
pneu	rece**pç**ão	aspe**ct**o
ca**ct**o	o**bj**eto	**ps**icólogo
té**cn**ico	si**gn**o	beni**gn**o
helicó**pt**ero	a**bs**oluto	ra**pt**o

1 Complete as frases com palavras do quadro acima.

a) O .... sobrevoou a área destruída.

b) O .... é uma espécie de planta.

c) A .... é a operação inversa da adição.

d) De acordo com o exame, o tumor não é maligno, mas

....

e) Sou do .... de Áries.

f) Os alunos mantinham o mais .... silêncio na sala de aula.

g) Dirigiu-se à .... do hotel para saber se havia vaga.

2 Compare as palavras e observe os encontros consonantais. Depois separe as sílabas.

a) **pn**eumonia: ....

b) compa**ct**o: ....

c) té**cn**ico: ....

d) **pl**uma: ....

e) qua**dr**ado: ....

f) in**fl**amável: ....

3 Forme palavras e depois separe-as em sílabas.

ad +
- miração: ....
- quirido: ....
- mitido: ....
- missão: ....
- ministrativo: ....

4 Complete as frases a seguir com as palavras que o professor vai ditar.

a) É um .... ele não .... a esta ordem!

b) Vou tentar .... que .... está na caixa.

c) O .... chegou cedo ao consultório.

d) Nosso treinador caminhava .... com passos firmes.

e) O professor ficou .... com a inteligência dos alunos.

Ilustra Cartoon/Arquivo da editora

Texto 2

Tartaruga marinha

A tartaruga marinha é um dos animais mais antigos do mundo (existe há mais de 150 milhões de anos). No começo, as tartarugas viviam em terra firme, mas com as mudanças que sofreram ao longo do tempo, passaram a migrar para o mar. Isso resultou também em mudanças na sua estrutura física, como a diminuição do número de vértebras e a perda de patas, substituídas por nadadeiras.

Ao todo foram catalogadas sete espécies de tartarugas marinhas. Cinco delas — a tartaruga-cabeçuda, a tartaruga-de-pente, a tartaruga-verde, a tartaruga-oliva e a tartaruga-gigante (também chamada tartaruga-de-couro) — utilizam o litoral brasileiro como área de desova e alimentação.

As tartarugas não possuem um cérebro evoluído, mas apresentam visão, olfato e audição muito desenvolvidos. Elas também têm uma capacidade de orientação apurada, detectando o momento exato de se reunir para a reprodução. Apenas as fêmeas sobem às praias no momento da desova; os machos as esperam em frente ao mar.

O acasalamento ocorre no mar, em águas profundas ou costeiras, e a fêmea pode realizar, por temporada, de três a cinco desovas (em

Richard Whitcombe/Shutterstock/Glow Images

David Evison/Shutterstock/Glow Images

À esquerda, tartaruga marinha se alimentando de pequenos habitantes dos corais; acima, tartaruga marinha depositando seus ovos na areia de uma praia.

Filhotes de tartaruga-de-couro indo para o mar.

cada uma delas, põe cerca de 120 ovos). Os ovos são chocados pelo sol e pela umidade da praia e os filhotes nascem, em média, aproximadamente 50 dias após a desova.

Risco de extinção

Das sete espécies de tartarugas marinhas catalogadas, todas estão ameaçadas de extinção. No Brasil, um dos principais motivos para a extinção é a caça desenfreada realizada pela população da região costeira, que mata o animal e leva seus ovos. Outros motivos são, ainda, a pesca incidental, a poluição dos oceanos e as doenças contagiosas, como a fibropapilomatose (um tumor que pode causar sua morte indiretamente), que dificultam a sobrevivência destes animais.

O Brasil tem um projeto voltado para a preservação das tartarugas marinhas. Criado em 1980, o **Projeto Tamar** monitora mil quilômetros de praia, com 20 bases cobrindo oito estados brasileiros. O Tamar é um projeto do Instituto Chico Mendes de Conservação da Biodiversidade, do Ministério do Meio Ambiente. Por meio de atividades voltadas à educação ambiental, pesquisa científica e ações sociais e comunitárias envolvendo os moradores das regiões costeiras brasileiras, o Tamar luta pela preservação destas espécies.

Tartaruga marinha. Disponível em: <http://revistaepoca.globo.com/Epoca/0,6993,EPT711579-1655-5,00.html>. Acesso em: 27 dez. 2014. (Texto adaptado).

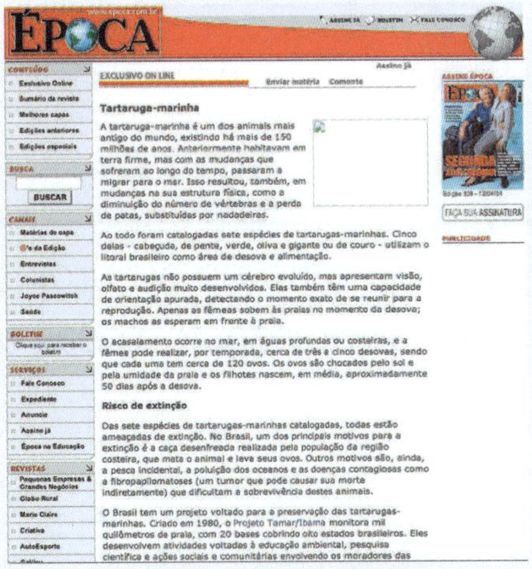

ÉPOCA

EXCLUSIVO ON LINE

Tartaruga-marinha

A tartaruga-marinha é um dos animais mais antigo do mundo, existindo há mais de 150 milhões de anos. Anteriormente habitavam em terra firme, mas com as mudanças que sofreram ao longo do tempo, passaram a migrar para o mar. Isso resultou, também, em mudanças na sua estrutura física, como a diminuição do número de vértebras e a perda de patas, substituídas por nadadeiras.

Ao todo foram catalogadas sete espécies de tartarugas-marinhas. Cinco delas - cabeçuda, de pente, verde, oliva e gigante ou de couro - utilizam o litoral brasileiro como área de desova e alimentação.

As tartarugas não possuem um cérebro evoluído, mas apresentam visão, olfato e audição muito desenvolvidos. Elas também têm uma capacidade de orientação apurada, detectando o momento exato de se reunir para a reprodução. Apenas as fêmeas sobem às praias no momento da desova; os machos as esperam em frente à praia.

O acasalamento ocorre no mar, em águas profundas ou costeiras, e a fêmea pode realizar, por temporada, cerca de três a cinco desovas, sendo que cada uma tem cerca de 120 ovos. Os ovos são chocados pelo sol e pela umidade da praia e os filhotes nascem, em média, aproximadamente 50 dias após a desova.

Risco de extinção

Das sete espécies de tartarugas-marinhas catalogadas, todas estão ameaçadas de extinção. No Brasil, um dos principais motivos para a extinção é a caça desenfreada realizada pela população da região costeira, que mata o animal e leva seus ovos. Outros motivos são, ainda, a pesca incidental, a poluição dos oceanos e as doenças contagiosas como a fibropapilomatoses (um tumor que pode causar sua morte indiretamente) que dificultam a sobrevivência destes animais.

O Brasil tem um projeto voltado para a preservação das tartarugas-marinhas. Criado em 1980, o Projeto Tamar/Ibama monitora mil quilômetros de praia, com 20 bases cobrindo oito estados brasileiros. Eles desenvolvem atividades voltadas à educação ambiental, pesquisa científica e ações sociais e comunitárias envolvendo os moradores das

Biodiversidade: variedade de espécies animais ou vegetais existente em nosso planeta ou em determinado lugar.

desova: ato de desovar, ou seja, pôr ovos.

incidental: o mesmo que acidental, que acontece por acaso.

migrar: mudar de um lugar para outro.

Por dentro do texto

1. A tartaruga marinha alimenta-se de crustáceos (principalmente camarões, siris e caranguejos), moluscos, águas-vivas e ovos de peixes. Onde ela encontra seu alimento?

....

2. Quantas espécies de tartarugas marinhas existem? Quais delas vivem na costa brasileira?

....

....

....

....

3. Por que a tartaruga marinha está ameaçada de extinção no Brasil?

....

....

....

....

4. Qual é o nome do projeto brasileiro voltado para a preservação das tartarugas marinhas?

....

....

Ilustra Cartoon/Arquivo da editora

5 Geralmente, os cartazes informam ou solicitam algo aos leitores. Observe este cartaz e escreva o que ele informa.

....

....

Aprendendo gramática

Pronome

1 Observe a capa deste DVD. Depois leia as frases abaixo e observe as palavras destacadas.

Reprodução/Playarte Vídeo

> "**Animais** unidos jamais serão vencidos!
> **Eles** precisam unir forças para salvar a natureza."

- A que se refere a palavra **eles**?

....

2 Leia um trecho da sinopse do filme e circule a palavra **eles**.

> "A destruição causada pelos humanos força um grupo de animais a sair de seu *habitat*. Em uma banheira enferrujada, eles vão para o Delta do Okavango, na África. Mas lá outros animais estão sofrendo com a falta de água. Desesperados, eles descobrem que um hotel de luxo represou toda a água e não há mais nada para os animais. Agora, eles vão se unir para salvar a natureza, travando uma guerra contra os humanos."
>
> **Animais unidos jamais serão vencidos!** Direção de Reinhard Klooss e Holger Tappe. Produção: Reinhard Klooss. Alemanha: Constantin Film Produktion, 2010. 1 DVD.

- A que a palavra **eles** se refere?

....

A palavra **eles** substitui o nome. **Eles** é um **pronome**.

> **Pronome** é a palavra que substitui o nome (substantivo).

3 Releia o trecho retirado do texto **Tartaruga marinha**.

> "As tartarugas não possuem um cérebro evoluído, mas apresentam visão, olfato e audição muito desenvolvidos. Elas também têm uma capacidade de orientação apurada, detectando o momento exato de se reunir para a reprodução."

a) Circule o pronome que aparece no trecho acima.

b) Esse pronome foi usado para substituir qual palavra?

....

Veja, a seguir, alguns dos pronomes que costumamos usar.

Singular	Plural
eu	nós
tu/você	vós/vocês
ele/ela	eles/elas

Quem fala: **eu**, **nós**

Com quem se fala: **tu/você**, **vós/vocês**

De quem se fala: **ele/ela**, **eles/elas**

4 Leia as frases observando os substantivos destacados. Depois reescreva-as empregando os pronomes **ele**, **ela**, **eles** ou **elas** no lugar dos substantivos.

a) **João** queria conhecer o Projeto Tamar.

....

b) **Lúcia** e a **amiga** participam de uma campanha para salvar as tartarugas marinhas.

....

c) A **tartaruga marinha** é um dos animais mais antigos do mundo.

....

d) As **tartarugas** e os **jabutis** têm casco e podem ser encontrados em ambientes terrestres ou aquáticos.

....

....

5 Escreva as frases no plural.

a) Eu gosto muito de ler.

....

b) Ela foi ao cinema ontem à tarde.

....

c) Ele vai fazer prova amanhã.

....

d) Você conhece o Projeto Tamar?

....

e) Eu sou a favor da preservação das tartatugas.

....

6 Observe as imagens e escreva uma frase para cada uma delas usando os pronomes **ele** ou **elas**.

Pressmaster/Shutterstock/Glow Images

Digital Media Pro/Shutterstock/Glow Images

1 ....

....

2 ....

....

Escrevendo certo

ã, ão, ãe; ãs, ãos, ães, ões

1 Leia as palavras do quadro e distribua-as de acordo com as indicações.

feijão	anões	botões	mãe	manhãs
caminhão	cães	irmãos	lã	alemão

a) Substantivos no singular: ....

....

a) Substantivos no plural: ....

....

2 Encontre, no diagrama, sete palavras com **til**.

G	U	S	R	F	L	M	A	Ç	Ã	S	H	S	B	I
S	C	O	R	A	Ç	Ã	O	T	A	K	R	V	O	Y
T	Q	W	R	Q	Z	O	L	F	L	E	Ã	O	H	P
J	E	N	P	Ã	E	S	I	M	M	A	M	Õ	E	S

- Agora complete os itens com as palavras encontradas.

  a) São partes do corpo: ....

  b) São alimentos: ....

  c) São animais: ....

3 Escreva as palavras no plural.

a) mãe: ....

b) limão: ....

c) cidadão: ....

d) irmã: ....

Texto 3

Bocão e os bichos em extinção

Almanaque Maluquinho: Bocão e os bichos, de Ziraldo. São Paulo: Globo, 2008.

Por dentro do texto

1 Complete o texto usando as palavras do quadro.

falas	Bocão	quadrinhos	Carolina	balões

A história que você leu está organizada em ....

Em alguns deles existem .... que indicam as .... dos personagens. Os personagens são .... e ....

2 Leia novamente os quadrinhos e indique de quem são as falas abaixo.

a) "Quer ver meu álbum de figurinhas, Carol?"

....

b) "Que dó!"

....

3 No quadrinho reproduzido abaixo, a personagem Carolina chama a atenção para um fato indicado no álbum.

a) Que fato é esse?

....

....

....

©Ziraldo/Acervo do cartunista

b) Bocão entendeu o que a menina disse? Justifique sua resposta.

....

....

....

4 Carolina aponta três motivos pelos quais alguns bichos correm risco de extinção. Que motivos são esses?

....

....

5 Além dos animais, que outros seres também correm risco de extinção por causa do desmatamento?

....

....

....

6 Bocão usa uma linguagem bem parecida com a que utilizamos no dia a dia. Reescreva esta fala do personagem substituindo a palavra destacada por outra que é usada na linguagem formal.

"Ele **tá** completinho!"

....

7 Você sabe o significado da palavra e das expressões abaixo? Explique-as.

a) caça sem controle:

....

....

b) desmatamento:

....

....

c) tráfico de animais:

....

....

Aprendendo gramática

Verbo

1 Leia o poema a seguir.

Totó e o elefante

Totó, pequeno vira-lata, um cão miúdo,
viu Jumbo **desfilar** na rua.
Jumbo, um elefantão trombudo do circo.
E então Totó **seguiu** o elefante
(mas, por prudência, **manteve**-se distante).
Totó o **provocou**, **rosnou**,
mostrou os dentes,
Porém, indiferente,
Jumbo nem o **olhou**;
seguiu em frente.
[...]

Ilustra Cartoon/Arquivo da editora

Di-versos russos, vários autores.
Tradução e adaptação de Tatiana Belinky. São Paulo: Scipione, 1994.

- Copie as palavras que indicam ações praticadas por Totó e Jumbo.
Dica: As palavras estão destacadas no poema.

Totó: ....

....

Jumbo: ....

....

As palavras destacadas no poema são **verbos**. Esses verbos indicam as ações realizadas pelos animais.

> A palavra que indica ação, fenômeno da natureza ou estado chama-se **verbo**.

2 Leia novamente os trechos abaixo, retirados da história **Bocão e os bichos em extinção**. Depois complete as frases com os verbos de ação que estão faltando.

> "Quanto mais se .... as florestas, quanto mais as atividades humanas ...., menos lugar para os animais .... suas vidinhas."
>
> "Muitos bichos até .... no caminho."

3 Complete as frases com os verbos dos quadrinhos abaixo. Eles indicam fenômenos da natureza.

choveu	trovejar	ventar

a) Se continuar a ...., a árvore vai cair.

b) A rua está molhada porque ....

c) A chuva estava tão forte que começou a ....

4 Os verbos também podem ser usados para expressar sentimento ou estado. Observe:

> Carolina **estava** triste porque muitos animais morreram.
> Bocão se **sentiu** feliz ao completar seu álbum de figurinhas.

- Escreva uma frase usando o verbo **estar** e outra usando o verbo **sentir**.

....

....

....

....

....

Escrevendo certo

Consoante seguida de r e l

1 Leia as palavras do quadro.

criança	grama	dragão	prato	atravessar	
livro	frango	braço	creme	fruta	primeiro
groselha	brotoeja	trilha	pedra	palavra	

- Distribua as palavras acima de acordo com as indicações.

br	cr	dr	fr
....	....	....	....
....	....	....	....

gr	pr	tr	vr
....	....	....	....
....	....	....	....

2 Complete as frases com palavras dos quadros acima.

a) A .... preferida de Helena é a tangerina.

b) Rafael leu um .... sobre um .... que soltava fogo.

c) Toda .... deve .... a rua com um adulto e na faixa de segurança.

d) A .... do jardim da vizinha está bem cuidada.

3 Acrescente o **r** nas sílabas destacadas e forme novas palavras.

a) **pa**to: ....

b) **fi**ta: ....

c) **fa**ca: ....

d) **pe**so: ....

4 Leia as palavras do quadro e depois as distribua de acordo com as indicações.

placa classe blusa atleta floresta biblioteca
ciclovia Vladimir globo planeta atlas flauta Glória

bl	cl	fl	gl	pl	tl	vl
....	....	....	....	....	....	....
....	....	....	....	....	....	

5 Acrescente o **l** nas sílabas destacadas e forme novas palavras.

a) **ca**ro: ....

b) **co**ne: ....

c) **pa**no: ....

d) **pa**ca: ....

- Agora escolha duas palavras que você formou e crie frases.

....

....

6 No trava-língua abaixo está faltando a letra **r**. Complete as palavras e depois tente repetir de cor, sem tropeçar, o trava-língua.

T.......ês p.......atos
de t.......igo
pa.......a t.......ês
tig.......es t.......istes.

Trava-língua popular

Ilustra Cartoon/Arquivo da editora

Texto 4

Polêmica animal

Os bichos devem ou não ficar em exposição nos zoológicos?

São Paulo, sábado, 28 de janeiro de 2012

Marisa Cauduro/Folhapress

Suzy, então com 7 meses, Sorocaba (SP), 2012.

O Santuário de Grandes Primatas, em Sorocaba, tem, entre seus 300 animais, alguns que vieram doentes de zoológicos. Muitas entidades que defendem animais consideram que a vida de bichos nos zoos não é adequada, por estarem presos e expostos aos visitantes.

Mas há também quem defenda que os zoológicos são importantes para desenvolver nas pessoas amor pelos animais e o trabalho com pesquisas.

Além do santuário, a cidade de Sorocaba tem um zoológico, que surgiu em 1916 de maneira improvisada. O chamado Jardim dos Bichos funcionou até 1930 e era uma espécie de "depósito", para onde eram levados os animais encontrados na região.

A prefeitura comprou uma chácara e construiu o Parque Zoológico Municipal Quinzinho de Barros, inaugurado em 1968. Lá, segundo a administração, os animais são expostos com cuidados — os macacos, por exemplo, ficam em uma ilha, longe dos visitantes.

Há também educação ambiental e pesquisas.

Em 2004, depois da reforma, os animais ganharam novos recintos, projetados com técnicas e materiais modernos. Por exemplo, as telas são cinza, para não fazer reflexo.

Para Adalto Nunes, administrador do parque, nos zoológicos, os animais "são como embaixadores da natureza".

Para ele, sua função é educativa: "Não é uma vitrine de bichos. As pessoas vêm pelo lazer, e a gente quer que elas venham, mas espera que saiam com a nossa mensagem". O veterinário acredita que os zoos ajudem a desenvolver amor e respeito pelos animais.

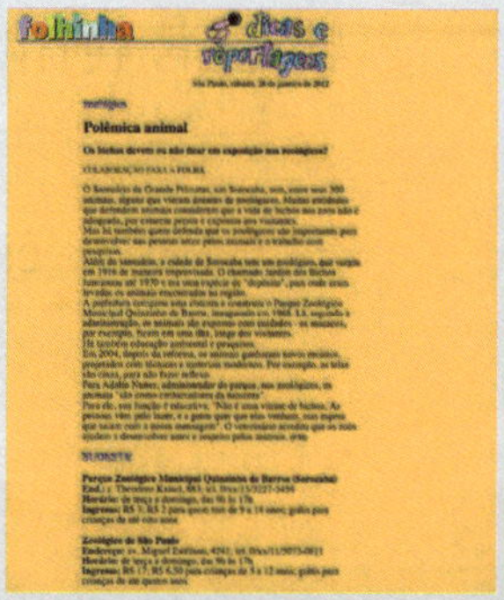
Folhinha
dicas e reportagens
Polêmica animal

Reprodução/<www1.folha.uol.com.br/fsp/folhinha/dicas>

Polêmica animal. **Folha de S.Paulo**, São Paulo, 28 jan. 2012. Folhinha. Disponível em: <www1.folha.uol.com.br/fsp/folhinha/dicas/di28011205.htm>. Acesso em: 16 maio. 2015.

Por dentro do texto

1 Qual é o título do texto?

....

2 O texto que você leu foi retirado da seção infantil do jornal **Folha de S.Paulo**. De que assuntos ele trata?

....

....

....

3 Além do santuário para os grandes primatas, na cidade de Sorocaba há um zoológico que surgiu de maneira improvisada. Responda às seguintes questões sobre esse lugar.

- Quando ele foi fundado?

  ....

- Até quando ele funcionou?

  ....

- Como ele era chamado?

  ....

- Qual era o objetivo do zoológico naquela época?

  ....

4 Em 1968, foi inaugurado o Parque Zoológico Municipal Quinzinho de Barros. Segundo o texto como os animais são tratados nesse lugar?

....

....

....

5 Em 2004 houve uma reforma no zoológico. Que melhorias foram feitas no local?

6 O texto apresenta opiniões diferentes sobre zoológicos. Complete o quadro de acordo com a opinião de quem é favorável ou desfavorável à existência de zoológicos.

Opinião de quem é a favor	Opinião de quem é contra

7 O veterinário Adalto Nunes acredita que os zoos ajudam a desenvolver amor e respeito pelos animais. Você concorda com essa ideia? Por quê?

Aprendendo gramática

Tempos do verbo: presente e passado

Ilustra Cartoon/Arquivo da editora

Verbo no presente

Leia a frase a seguir, observando as palavras destacadas.

> Nas aulas, eu **desenho**, **pinto**, **recorto** e **colo**.

As palavras destacadas são verbos e indicam ações que acontecem habitualmente, no tempo atual. Dizemos, então, que os verbos estão no **presente**.

Luiscar74/ Shutterstock/ Glow Images

Eu cant**o**	Eu corr**o**	Eu part**o**
Tu cant**as**	Tu corr**es**	Tu part**es**
Ele/Ela cant**a**	Ele/Ela corr**e**	Ele/Ela part**e**
Nós cant**amos**	Nós corr**emos**	Nós part**imos**
Vós cant**ais**	Vós corr**eis**	Vós part**is**
Eles/Elas cant**am**	Eles/Elas corr**em**	Eles/Elas part**em**

1 Complete as frases com os verbos indicados (no presente).

a) O leão .... muito alto. (rugir)

b) Nós .... futebol às quintas-feiras. (jogar)

c) Eu .... todas as manhãs. (correr)

d) Os ruídos .... os vizinhos. (acordar)

e) As crianças .... cedo. (dormir)

2 Complete as frases retiradas do texto **Polêmica animal** com os verbos do quadro. Eles estão todos no presente.

é	tem	são	defendem

"Muitas entidades que .... animais consideram que a vida de bichos nos zoos não .... adequada"

"Além do santuário, a cidade de Sorocaba .... um zoológico"

"os animais .... expostos com cuidados"

3 Complete as frases com o verbo **viajar** no presente.

a) Ele .... com os pais para Sorocaba.

b) Eu sempre .... de carro para visitar o zoológico de Sorocaba.

c) Paulo e Amanda adoram animais. Eles .... comigo hoje para visitar o zoológico de Sorocaba.

d) Nós .... hoje para visitar o Santuário de Grande Primatas e voltamos amanhã.

Verbo no passado

Leia novamente o trecho a seguir, observando as palavras destacadas.

"O chamado Jardim dos Bichos **funcionou** até 1930 e **era** uma espécie de 'depósito', para onde **eram** levados os animais encontrados na região."

As palavras **funcionou**, **era** e **eram** são verbos e indicam ações que já foram realizadas, que aconteceram em um tempo passado.

1 Leia a frase e responda às questões.

O menino brincou durante a tarde toda.

a) Qual é o verbo dessa frase?

....

b) Por que essa palavra é verbo?

....

....

c) A ação indicada por esse verbo acontece habitualmente ou aconteceu em um tempo passado?

....

! Quando a ação indicada pelo verbo já aconteceu, dizemos que esse verbo está no tempo **passado** ou no **pretérito**.

Leia mais estas frases.

A mãe **ensinou** Bia a fazer bolo.
A menina **aprendeu** com facilidade.
Elas **saíram** para comprar os ingredientes.

Veja os verbos **ensinar**, **aprender** e **sair** no tempo passado.

Eu ensin**ei**	Eu aprend**i**	Eu sa**í**
Tu ensin**aste**	Tu aprend**este**	Tu sa**íste**
Ele/Ela ensin**ou**	Ele/Ela aprend**eu**	Ele/Ela sa**iu**
Nós ensin**amos**	Nós aprend**emos**	Nós sa**ímos**
Vós ensin**astes**	Vós aprend**estes**	Vós sa**ístes**
Eles/Elas ensin**aram**	Eles/Elas aprend**eram**	Eles/Elas sa**íram**

2 Reescreva as frases passando o verbo para o passado. Veja o exemplo.

a) Tiago canta muito bem.

Tiago cantou muito bem.

b) A professora conta uma história.

....

c) Elas escrevem lindos poemas.

....

d) Joana parte para São Paulo.

....

3 Complete as frases com o verbo **brincar** no passado.

a) Ontem eu .... no parque.

b) Nós .... juntos no domingo passado.

c) Ele .... com os primos no último fim de semana.

d) Vós .... de bola até agora?

e) Tu .... muito no passeio de sábado?

f) Ontem eles .... de esconde-esconde.

4 Complete as frases com os verbos do quadro.

viajamos	chegas	pensastes	consigo

a) Eu .... aprender muitas coisas na escola.

b) Tu .... em um barco a vela, como um herói.

c) Vós .... que chegaríamos antes, não é mesmo?

d) Nós .... pelo mundo todo.

Escrevendo certo

r inicial; r entre vogais; rr; r em final de sílaba: ar, er, ir, or, ur

1 Leia o poema.

Driblando na rua

A bola **rola**,
rebola, embola.

A **algazarra**, a **garra**,
a **farra**, o gol na **marra**.

A alegria, a folia,
a magia, a **gritaria**.

O menino **corre**.
O sol explode.
O **suor escorre**.

A bola bate,
rebate, no combate e voa.

A vidraça **parte**
reparte, estilhaça.

Dona Sinhá vem pra **rua**.
A meninada **para**.
O **coração dispara**.
A fuga. O silêncio.

A bola, o menino,
os cacos.
Fim de jogo.
Dois a **zero**.

Ilustra Cartoon/Arquivo da editora

O burrinho alado, de José Aguiar Linhares. Belo Horizonte: RHJ, 1998

- Copie as palavras destacadas no texto na coluna indicada.

r inicial	r entre vogais	rr	r em final de sílaba
....	....	....	....
....	....	....	....
....	....	....	....
....	....	....	....
....	....	....	....
....	....	....	....

2 Leia estas frases observando as palavras destacadas.

> Quem é aquele **perna** de pau?
> Vamos **reunir** a **turma**!

- Complete as informações abaixo.

  Nas palavras destacadas acima, a consoante que se repete em todas é a letra ....

  Em quase todos os casos, antes do **r** há uma ....

3 Escreva o nome de cada figura e separe as sílabas.

Andriano/Shutterstock/Glow Images

....

☐ ☐ ☐

Gavran333/Shutterstock/Glow Images

....

☐ ☐

4 Vamos brincar de adivinha? O professor vai dar o significado de algumas palavras e você deverá escrevê-las abaixo.

1. .... **3.** .... **5.** ....

2. .... **4.** .... **6.** ....

5 Complete as frases com as palavras entre parênteses.

a) Mauro deixou cair um .... com água e molhou seu .... (copo/corpo)

b) Quando estou com meu avô .... tudo para pescar com ele no .... (lago/largo)

c) Dei meu .... para minha .... caçula. (ímã/irmã)

Texto 5

A casa do lixo zero

Ilustra Cartoon/Arquivo da editora

Na casa do lixo zero mora uma família diferente.
Eles gostam de ver tudo limpo e muito arrumadinho.
Os três sempre trabalham juntos.
Por isso, são chamados de "a família dos 3 Rs".
Esta família não joga nada fora.
Cada um tem a sua tarefa.

Quem faz a primeira tarefa é o Reduzinho.
No quintal tem seis cestos bem coloridos.
No cesto vermelho, Reduzinho separa tudo
[que é feito de plástico.
No cesto azul, tudo o que é feito de papel.
E no cesto verde, todos os vidros.
Enquanto trabalha, ele diz:

"O lixo chega e eu separo.
Cada um no cesto certo.
De repente, quando paro...
Que legal, é lixo zero!"

O trabalho de Reduzinho parece até mágica!
Ele faz o lixo virar sucata.
No cesto amarelo, todas as latas.
No marrom, todo o resto de comida.
E no cinza... tudo aquilo que sobrar!
Lá vai o Reduzinho, sem parar de separar:

"O lixo chega e eu separo.
Cada um no cesto certo.
De repente, quando paro...
Que legal, é lixo zero!"

A casa do lixo zero, de Ana Maria de Andrade.
Rio de Janeiro: Imperial Novo Milênio, 2008.

Por dentro do texto

1 Compare as duas figuras a seguir.

Ilustrações: Ilustra Cartoon/Arquivo da editora

a) Qual dessas figuras representa os latões que existem no quintal do lixo zero? Por quê?

....

....

b) Como a família que mora na casa do lixo zero age em relação ao lixo?

....

....

c) Por que essas atitudes são importantes para o meio ambiente?

....

....

....

....

2 Os moradores da casa do lixo zero são chamados de "família dos 3 Rs".

a) Você já tinha ouvido falar dos "3 Rs"? Sabe o que eles representam?

....

....

b) Por que você acha que eles receberam esse nome?

....

....

c) Você acha que a sua família também poderia ser chamada de "famíla dos 3 Rs"? Por quê?

....

....

3 Observe os seis cestos que estão no quintal da casa do lixo zero. Pinte-os de acordo com o tipo de lixo que é jogado em cada um deles. Se necessário, leia o texto novamente.

Kanton/Arquivo da editora

4 Por que o trabalho de Reduzinho parece mágica?

....

5 Você sabe o que é **sucata**? Explique com suas palavras.

....

....

6 Você já sabe o que os 3 Rs significam. O primeiro **R** (reduzir) deu nome ao personagem Reduzinho. Como você imagina ser o nome dos personagens do segundo **R** (reutilizar) e do terceiro **R** (reciclar)?

....

....

Aprendendo gramática

Tempos do verbo: futuro

Releia este trecho do texto e observe os verbos destacados.

"Esta família não **joga** nada fora.
Cada um **tem** a sua tarefa.
Quem **faz** a primeira tarefa **é** o Reduzinho."

Os verbos **joga**, **tem**, **faz** e **é** indicam que a ação ocorre no presente.

Agora observe:

Esta família não **jogará** nada fora.
Cada um **terá** a sua tarefa.
Quem **fará** a primeira tarefa **será** o Reduzinho.

Os verbos destacados indicam que as ações de **jogar**, **ter**, **fazer** e **ser** ainda vão acontecer. Por isso, dizemos que esses verbos estão no **futuro**.

Veja os verbos **jogar**, **ter** e **fazer** no tempo futuro.

Eu jogar**ei**	Eu ter**ei**	Eu far**ei**
Tu jogar**ás**	Tu ter**ás**	Tu far**ás**
Ele/Ela jogar**á**	Ele/Ela ter**á**	Ele/Ela far**á**
Nós jogar**emos**	Nós ter**emos**	Nós far**emos**
Vós jogar**eis**	Vós ter**eis**	Vós far**eis**
Eles/Elas jogar**ão**	Eles/Elas ter**ão**	Eles/Elas far**ão**

1 Complete as frases com o verbo **ganhar** no tempo futuro.

a) Ele .... um presente no aniversário.

b) Nós .... o jogo.

c) Tu .... um irmãozinho no próximo mês.

d) Eles .... um troféu no final do torneio.

2 Complete as frases empregando o verbo e o tempo indicados nos parênteses.

a) A noiva .... atrasada. (chegar/passado)

b) Infelizmente, a festa .... cedo. (terminar/futuro)

c) Paula .... os anuros da Amazônia. (estudar/presente)

d) O time .... mal. (jogar/passado)

e) Eu .... devagar. (comer/presente)

f) Marcelo .... nas férias. (viajar/futuro)

g) Elas .... uma bicicleta. (alugar/passado)

h) A prefeitura .... uma passarela para os pedestres. (construir/passado)

i) Meu grupo de teatro se .... no festival. (apresentar/futuro)

j) Eu .... que você cortou o cabelo. (perceber/passado)

k) Meu avô e as amigas .... de um grupo de caminhada. (participar/presente)

Iustra Cartoon/Arquivo da editora

3 Conjugue o verbo **levar** nos tempos indicados. Observe o exemplo.

Presente	Passado	Futuro
Eu levo	Eu	Eu ....
Tu	Tu	Tu ....
Ele/Ela	Ele/Ela	Ele/Ela ....
Nós	Nós	Nós ....
Vós	Vós	Vós ....
Eles/Elas	Eles/Elas	Eles/Elas ....

4 Responda às questões mostrando o que você aprendeu sobre a redução de lixo. Aproveite para explorar os tempos verbais que você aprendeu.

a) O que você fez para manter a sala de aula limpa ontem?

....

....

b) O que você faz todos os dias para reduzir a quantidade de lixo na sua casa?

....

....

c) Quando você tomar uma garrafinha de água na praia, o que você fará com a embalagem?

....

....

d) O que você fará com os brinquedos e as roupas quando não as usar mais.

....

....

Escrevendo certo

-am, -ão em final de sílaba

Kanton/Arquivo da editora

1 Leia as frases e observe as palavras destacadas.

> As crianças **escreveram** cartas ao prefeito.
> As crianças **escreverão** cartas ao prefeito.

escrever**am** → indica algo que já aconteceu.
escrever**ão** → indica algo que ainda vai acontecer.

- Complete as afirmações abaixo.

  A terminação **-am** indica que o verbo está no tempo ....

  A terminação **-ão** indica que o verbo está no tempo ....

2 Use **-ão** ou **-am** para completar as frases.

a) Os alunos aprender.................... a fazer um boneco de sucata.

b) Ontem, meus pais selecionar.................... o lixo reciclável.

c) Antigamente as crianças brincav.................... mais na rua, e os pais não comprav.................... tantos brinquedos.

3 As frases abaixo estão no passado. Reescreva-as no futuro.

a) Eles ajudaram a limpar a sala de aula depois da atividade de pintura e voltaram para casa.

b) Os alunos brincaram na praia, tiraram fotografias, recolheram o lixo da areia, pois participaram da campanha "Mantenha a praia limpa", e voltaram para a escola.

O tema é...

Cuidar do meio ambiente

Você já parou para pensar na quantidade de lixo que sua família produz diariamente?

Algumas atitudes podem contribuir para a redução desse lixo.

Reduza!

Muito do lixo que produzimos pode ser reaproveitado e reciclado, mas uma atitude ainda mais simples é reduzir a quantidade de lixo.

- Por que é importante reduzir a quantidade de lixo que produzimos diariamente?
- Como seria possível reduzir a quantidade de lixo produzido na sua casa?

Reaproveite!

Reaproveitar significa usar novamente um objeto. Por exemplo, você pode trocar com seus amigos livros e revistinhas já lidos.

- Por que é importante reaproveitar os objetos?
- Algum objeto, como roupas, brinquedos e livros, que você usou foi reutilizado por alguém?
- Você já ganhou algum objeto usado? De quem? Como ele foi aproveitado por você?

Recicle!

Há objetos que não podemos ou não queremos reaproveitar. Nesses casos, podemos encaminhá-los para reciclagem, como garrafas de vidro vazias, latas, caixas de papelão, garrafas de plástico, embalagens de leite e muitas outras.

- Qual é a importância da reciclagem dos materiais?
- Você e sua família separam o lixo reciclável em casa?
- O custo é maior quando reaproveitamos ou quando reciclamos um objeto?

Ilustra Cartoon/Arquivo da editora

No reaproveitamento, não há gasto de energia ou de água, mas a reciclagem é um processo mais complexo e requer uso de água, energia e, em alguns casos, de outros produtos.

Texto

6 O novo celular da tigresa

— E para que você quer um telefone celular novo? — perguntou o tigre.

— Porque todas as outras tigresas têm telefone celular mais moderno do que o meu. — reclamou a tigresa.

— E que diferença isto faz? O seu celular não liga? — perguntou o tigre irritado.

— Ligar, ele liga. Mas não dá para mandar fotos, não consigo acessar a internet... — disse a tigresa.

— E para que você quer isso tudo? O objetivo do celular é fazer ligações, não é mandar *e-mail* ou fotos! — falou o tigre.

— Meu bem, no começo o celular servia apenas para falar com os outros. Mas hoje, ele faz tanta coisa, que ficar com um celular antigo é muito ruim. — disse a tigresa fazendo cara de choro.

— Querida, antigamente, quer dizer, há pouco tempo, todo mundo vivia sem celular e ninguém morria. — respondeu o tigre, pensando em pôr um fim à discussão.

— Ninguém morria? Outro dia, esqueceram de colocar a comida na jaula da raposa. Se ela não tivesse o celular, o que aconteceria? Você não acha que ela poderia ter morrido? — perguntou a tigresa.

Ilustra Cartoon/Arquivo da editora

— Morrido? Claro que não! Ia passar um aperto, ficar com fome, mas morrer? Nem pensar! Era só ela dar uns gritos e a situação seria logo resolvida. — disse o tigre.

— E alguma vez você já ouviu grito de raposa? Ela não teria a menor chance se ficasse sem comida. — falou a tigresa.

— Tá bom, meu amor, eu reconheço que o celular é útil, só não consigo entender por que ficamos tão dependentes dele. Ninguém consegue mais viver sem celular! Ele parece que faz parte de nós! E você ainda quer um modelo novo? — reclamou o tigre.

— Querido, tecnologia é assim! Hoje é tudo muito rápido! As coisas mudam da noite para o dia. É preciso estar com as coisas mais modernas. Como posso ficar com um celular destes? — respondeu a tigresa ainda meio chorosa, enquanto mostrava seu celular.

— Meu amor, assim não dá! Daqui a pouco, você já vai querer trocar de computador! Dizer que o seu está velho, que suas amigas têm computadores mais novos, que o seu está ultrapassado... — disse o tigre.

A tigresa abriu um sorriso e disse:

— Fofinho, ainda bem que você tocou neste assunto!

Histórias que os bichos gostam de contar, de Luiz Eduardo de Castro Neves. Rio de Janeiro: Odisseia, 2013.

Reprodução/Editora Odisseia

Por dentro do texto

1. Quem são os personagens dessa história?

2. O que a tigresa quer?

3. Por que ela quer isso?

4. Segundo o tigre, para que serve o celular?

5. O que a tigresa deseja fazer com um celular?

6. De que forma o tigre tentou pôr um fim à discussão?

7. Qual argumento a tigresa usou para tentar convencer o tigre?

8 No final da discussão o tigre:

( ) concorda que o celular é importante, mas não precisa ser trocado por um mais moderno.

( ) compra o celular mais moderno da loja.

( ) compra um computador novo.

9 Na história que você leu os animais comportam-se como pessoas, mas nós também temos o costume de usar características de animais para falar dos seres humanos. Tente descobrir o significado das seguintes expressões:

a) Comer como um passarinho:

....

....

b) Ter estômago de avestruz:

....

....

c) Dormir com as galinhas:

....

....

10 Escolha uma das expressões da atividade 9 e ilustre o significado dela.

11 O tigre usa o seguinte argumento para convencer a tigresa de que ela não precisava de um celular novo:

> "Querida, antigamente, quer dizer, há pouco tempo, todo mundo vivia sem celular e ninguém morria."

- Que tal fazer uma pesquisa para saber como as pessoas se comunicavam antes do celular? Converse com um adulto que mora com você sobre as questões a seguir e anote suas descobertas.

a) Qual é a sua idade?

____

b) Há quanto tempo você usa o celular?

____

c) Como você se comunicava com as pessoas antes de ter um celular?

____

____

____

____

d) Você acha que sua maneira de se comunicar com as pessoas mudou muito depois que você passou a usar o celular? O que mudou para melhor? O que mudou para pior?

____

____

____

____

e) Você concorda que antigamente o celular servia apenas para falar com os outros?

f) Você concorda que hoje o celular faz tanta coisa que ficar com um antigo é muito ruim? Por quê?

g) Você acha que atualmente as pessoas são muito dependentes do celular? Por quê?

h) Qual é o uso que você faz do celular?

Aprendendo gramática

Verbo: fenômenos da natureza

Leia e observe as palavras destacadas.

Ilustra Cartoon/Arquivo da editora

Chove e **venta** indicam fenômenos da natureza.
As palavras que indicam fenômenos da natureza são chamadas de **verbo**.

1 Assinale o verbo que indica o fenômeno da natureza representado em cada imagem.

Somsak Nitimongkolchai/Shutterstock/Glow Images

Tatiana Popova/Shutterstock/Glow Images

( ) chove
( ) venta
( ) amanhece

( ) neva
( ) relampeja
( ) anoitece

Smit/Shutterstock/Glow Imagest

Behindlens/Shutterstock/Glow Images

◯ amanhece
◯ chove
◯ neva

◯ neva
◯ relampeja
◯ venta

2 Complete as frases com os verbos do quadro.

esfriou	anoiteceu	chover	amanhece

a) Se não .... amanhã, iremos à praia.

b) Luísa foi de agasalho para a escola, pois .... bastante.

c) Quando ...., o tigre e a tigresa saem para caçar.

d) Ontem, quando ...., Felipe foi jantar na casa de seus avós.

3 Nas frases a seguir, circule os verbos que indicam fenômenos da natureza.

a) Enquanto chovia a tigresa brincava com seus filhotes.

b) A tigresa gosta de tomar sol ao entardecer.

c) Será que o tigre sente medo quando começa a trovejar? Eu sinto.

Escrevendo certo

e, ei

1 Leia o poema.

O avião e a borboleta

— O meu voo
é simples **direção**.
Ao **decolar**
já **sei** de cor
onde pousar.
Abraço a terra
e **beijo** o ar.
[...]

Ilustra Cartoon/Arquivo da editora

Cançãozinha e outros sons, de Francisco Marques e outros. São Paulo: Paulinas, 2005.

- Copie no quadro as palavras destacadas no poema, de acordo com a indicação.

Possui sílaba com **e**	Possui sílaba com **ei**
....	....
....	....

2 Leia a cantiga abaixo. Depois circule as sílabas com **ei**.

Como pode o peixe vivo
Viver fora da água fria
Como pode o peixe vivo
Viver fora da água fria

Como poderei viver
Como poderei viver
Sem a tua, sem a tua
Sem a tua companhia

Cantiga popular

3 Complete as palavras com **e** ou **ei**.

chav........ro	pass........	int........ro
d........x........	l........te	g....lado
pr....f....re	terc........ro	lanch....
m........gos	chuv........ro	p........to

- Agora utilize essas palavras para completar as frases abaixo.

a) .... meu .... na gaveta.

b) Ontem .... o dia .... na casa de meus avós.

c) Eliane .... tomar .... na hora do ....

d) Paulo é o .... aluno da fila na classe em que estuda.

e) Eu gosto de comer o .... do frango.

f) Paulo toma banho de ....

g) Meus amigos são muito .... comigo.

4 No trava-língua abaixo estão faltando as letras **e** e **ei**. Complete as palavras e depois tente repetir de cor, sem gaguejar, o trava-língua.

O p........to do pé de P....dro é preto!
Quem disser que o p........to do pé de P....dro é preto
tem o p........to do pé mais preto
do que o p........to do pé de P....dro.

Trava-língua popular

De olho no dicionário

1 Você já sabe que, para compreender bem os textos que lemos, muitas vezes precisamos verificar no dicionário o significado de algumas palavras. Também aprendeu que uma palavra pode ter vários significados. Leia o verbete a seguir, retirado de um dicionário.

> **Reciclar**
> *v.* re-ci-*clar*
> **1.** Fazer com que um profissional adquira conhecimentos novos, visando sua melhor adaptação a realidades atuais. Ex.: *A Secretaria de Educação está promovendo cursos para reciclar os professores do ensino médio.*
> **2.** Ação de transformar alguma coisa usada para que volte a ser aproveitada. Ex.: *Para reciclar o lixo, deve-se separar os vários tipos de materiais: plástico, metal, vidro, etc.*
>
> **Dicionário ilustrado de Português**, de Maria Tereza Camargo. São Paulo: Ática, 2009.

a) Agora leia a frase abaixo.

> **Reciclar** o material usado é uma maneira de cuidar do meio ambiente.

b) A frase acima usa o verbo"reciclar". Releia o verbete do dicionário e responda: qual sentido o verbo "reciclar" assume na frase? O significado 1 ou o 2?

....

2 Leia a frase seguinte.

> A diretora fez um curso para **reciclar** seus conhecimentos.

a) Qual sentido o verbo "reciclar" assume nessa frase?

( ) 1 ( ) 2

b) Escreva uma frase usando a palavra "reciclar" com o mesmo sentido.

....

....

3 Nesta Unidade você conheceu muito sobre os animais. Leia o texto abaixo para aprender mais a respeito da vida das formigas.

Como as formigas carregam dez vezes mais do que seu peso?

Vários insetos carregam objetos mais pesados que seu próprio corpo, pois precisam de força para **transportar** alimento ou para sair de baixo de folhas e galhos. Para isso, eles contam com esqueleto externo **resistente** e leve com seis pernas, o que distribui o peso em diferentes pontos de apoio.

O peso que uma formiga aguenta varia de acordo com a espécie. A saúva carrega de 10 a 15 vezes o seu peso. O bicho mais forte do mundo é o besouro-rinoceronte, capaz de **suportar** 850 vezes seu peso. É como se um homem de 70 quilos levantasse 60 mil quilos.

Stana/Shutterstock/Glow Images

Como as formigas carregam dez vezes mais do que seu peso? **Curiosidades Recreio**. São Paulo: Abril, 2011.

- Procure no dicionário as palavras destacadas no texto. Depois, transcreva o texto substituindo essas palavras por outras, sem alterar o sentido. Faça as adaptações necessárias.

....

....

....

....

....

....

....

Ideias em ação

Ficha do bicho

No começo desta Unidade você leu um texto informativo sobre um animal que está ameçado de extinção, o pássaro **joão-de-barba-grisalha**.

Infelizmente ele não é o único ameaçado de extinção; muitas outras espécies de animais estão ameaçadas no Brasil na atualidade. Mas a boa notícia é que vários cientistas fazem estudos para impedir que esses animais desapareçam.

Leia o texto a seguir para conhecer uma dessas iniciativas.

Prevendo o perigo

"Melhor prevenir do que remediar", dizia a sua avó. Já pensou se fosse possível descobrir que uma espécie pode entrar em risco de extinção antes mesmo de ela se encaixar nessa categoria? Pois pesquisadores da Universidade Federal de Santa Catarina desenvolveram um modelo que pode prever se uma espécie é vulnerável, ou seja, se ela pode entrar na lista de espécies em risco de extinção. [...]

Os pesquisadores avaliaram, então, 559 espécies de peixes. **Eles juntaram as características biológicas desses peixes — como tamanho, tipo de alimentação e aspectos da reprodução — e informações sobre as ameaças presentes no ambiente**, como a pesca predatória. [...]

Prevendo o perigo, de Fernanda Távora. Disponível em: <http://chc.cienciahoje.uol.com.br/prevendo-o-perigo/>. Acesso em: 11 fev. 2014.

Agora o pesquisador é você. Que tal escrever um texto com dados de um animal ameaçado de extinção?

Planejando suas ideias

Escolha um animal ameaçado de extinção. Pode ser o tamanduá-bandeira, a anta, o cachorro-vinagre, a ema, a gralha-azul, o papagaio-charão ou outro.

Tente conseguir o máximo de informações sobre o animal em livros, revistas ou na internet.

Rascunho

Selecione algumas informações sobre o animal e escreva um texto com suas palavras.

Atente para os seguintes detalhes:

- O texto deve conter informações como características, alimentação, lugar onde o animal é encontrado e ameaças (como pesca, caça, desflorestamento e outros problemas que ameaçam sua espécie).
- Ele deve ter um título.
- Escreva seu texto nas páginas de rascunho do **Caderno de produção de texto**.

Revisando suas ideias

Retome os pontos do planejamento e do rascunho para saber se você não se esqueceu de nenhum detalhe em seu texto. Peça ao professor que leia o seu texto e que o oriente quanto à forma de melhorá-lo.

Texto final

Agora reescreva seu texto fazendo as correções que forem necessárias. Use as páginas do **Caderno de produção de texto** para registrar seu texto finalizado. Se quiser, você pode ilustrar seu texto ou colar fotos do animal pesquisado.

Unidade 1

Livros

Reprodução/Editora Companhia Nacional

Dia de festa: receitas e histórias para comemorar, de Gisela Tomanik Berland. São Paulo: Companhia Editora Nacional.

Este é um livro de culinária para crianças que traz receitas e conta a origem de comemorações e festividades pelo mundo afora. Carnaval, Páscoa, dia das Bruxas, Natal, Réveillon, Festas Juninas, de aniversário e de casamento são algumas das festividades que integram este título.

Reprodução/Editora Peirópolis

O livro extravagante e outros poemas, de José Jorge Letria. São Paulo: Peirópolis.

As palavras entram pelas orelhas e ganham ecos, viram poesia. Para o escritor português José Jorge Letria nada passa em branco.

Reprodução/Editora Companhia Nacional

O macaco e o confeito, de Edy Lima. São Paulo: Companhia Editora Nacional.

Um dia o macaco achou uma moedinha e foi comprar confeitos. Por azar, ela caiu na fresta do assoalho. E agora, como o macaco fará para ter sua moeda de volta? Para isso ele contará com a ajuda de vários animais.

Filme

Reprodução/Walt Disney Pictures

Ratatouille

Origem: Estados Unidos, 2007. Direção: Brad Bird.

Um rato chamado Remy sonha em se tornar um grande *chef* francês, mesmo contra os desejos de sua família. Quando o destino o leva aos esgotos de Paris, Remy se vê na situação ideal, bem embaixo do famoso restaurante de seu herói culinário, Auguste Gusteau. Apesar dos aparentes perigos, Remy não demora muito a se tornar um grande cozinheiro.

Unidade 2

Livros

Reprodução/Editora Positivo

Festa no céu, de Maria Viana. Curitiba: Positivo.

A notícia de que haveria uma festa no céu agitou a bicharada, mas só poderiam participar dela os animais que sabiam voar. Apesar das dificuldades, o sapo encontrou uma maneira de mostrar seus talentos musicais no evento.

Reprodução/Editora Callis

Histórias que eu ouvi e gosto de contar, de Daniel Munduruku. São Paulo: Callis.

Com o desejo de despertar o gosto para as histórias dos povos indígenas, o escritor resgata lendas sobre o "Matinta Pereira", "O Boto Tucuxi" e outros seres que ainda estão muito vivos na memória do povo amazônico.

Reprodução/Editora Scipione

Maria Borralheira, de Sílvio Romero. São Paulo: Scipione.

Recolhida pelo folclorista sergipano Sílvio Romero, a história de Maria Borralheira revela que a simplicidade e a ingenuidade de uma garotinha são pratos cheios para uma viúva má dar seu golpe do casamento; mas um presente deixado por sua mãe trará a ela muita sorte para enfrentar as mais terríveis armadilhas de sua madrasta.

Filme

Reprodução/Walt Disney Pictures

Enrolados

Origem: Estados Unidos, 2010. Direção: Nathan Greno e Byron Howard.

Flynn é um bandido que se esconde em uma torre. Lá conhece Rapunzel, uma jovem prestes a completar 18 anos que tem longos cabelos dourados. Rapunzel deseja deixar seu confinamento na torre para ver as luzes que sempre surgem no dia de seu aniversário. Para tanto, faz um acordo com Flynn. Ele a ajuda a fugir e ela lhe devolve a valiosa tiara que tinha roubado. Mas eles terão de enfrentar muitos perigos. O filme é baseado no conto de fadas "Rapunzel".

Unidade 3

Livros

Reprodução/Editora do Brasil

As cantigas de Lia, de Rosinha. São Paulo: Editora do Brasil.

Lia vê seu mundo se transformar a partir das cantigas de roda que aprende. Descubra como isso acontece enquanto se diverte e aprende várias cantigas de roda.

Reprodução/Editora Paulinas

Folias e folguedos do Brasil: ciclo junino, de Inimar dos Reis. São Paulo: Paulinas.

As manifestações da cultura brasileira realizadas no mês de junho são apresentadas neste livro por meio de informações sobre as danças, procissões e outros elementos que compõem as celebrações dessa época do ano. Esta obra traz também um rico repertório de músicas e danças e textos informativos que aproxima o leitor da alma brasileira festiva.

Reprodução/Editora Larousse Júnior

Quadras ao gosto popular, de Fernando Pessoa. São Paulo: Larousse Júnior.

A quadra popular, uma forma de poesia folclórica, é apresentada ao leitor neste livro a partir da produção do grande poeta português Fernando Pessoa. Ao todo são 33 quadras que têm como tema central o amor em suas diversas formas de expressão.

Reprodução/Editora DCL

Sebastiana e Severina, de André Neves. São Paulo: DCL.

É uma história inspirada na tradição nordestina, desde as festas juninas ao trabalho de rendeiras, que passa de geração em geração. Neste livro, duas amigas, Sebastiana e Severina, disputam o coração de um forasteiro que chega à cidade de Umbuzeiro, em meio às comemorações ao padroeiro São Sebastião. Com suas rendas, elas tentarão ganhar o rapaz, mas, sobretudo, aprenderão sobre a amizade.

Site@

Reprodução/<www.plenarinho.gov.br/brasil>

Se você quiser saber o que são cavalhada, bumba meu boi, maracatu e outras manifestações folclóricas brasileiras, visite o *site*:

<www.plenarinho.gov.br/brasil>

@*Site* acessado em: 20 abr. 2015.

Unidade 4

Livros

Reprodução/Editora Projeto

A história de Juvenal e o Dragão, recontada por Rosinha. Rio Grande do Sul: Projeto.

A intenção da obra é aproximar os leitores da poesia popular brasileira.

Reprodução/Editora Scipione

As trigêmeas e os três erres, de Rose Capdevilla e Charles Capdevilla. São Paulo: Scipione.

As trigêmeas Ana, Teresa e Helena inventaram três superpoderes para ajudar a salvar a Terra. Com a ajuda da Bruxonilda elas vão ter uma lição sobre como reutilizar, reciclar e reduzir o lixo.

Reprodução/Editora Global

Antes da chuva, de Lúcia Hiratsuka. São Paulo: Global.

Lia e Nico receberam o convite para uma festa antes da chuva. Quem teria enviado esse misterioso convite? Será que eles conseguirão chegar antes da chuva? Ou seria ela a principal convidada?

Sites@

Reprodução/<www.zoologico.sp.gov.br>

Neste *site* você encontrará fotos, informações e curiosidades sobre animais.

<www.zoologico.sp.gov.br/>

Reprodução/<www.wwf.org.br/natureza_brasileira>

Neste outro *site* você encontrará informações sobre vários animais ameaçados de extinção.

<www.wwf.org.br/natureza_brasileira>

@*Sites* acessados em: 11 fev. 2015.

ADAMS, M. J. et al. *Consciência fonológica em crianças pequenas*. Porto Alegre: Artmed, 2006.

ALMEIDA, F. J.; FRANCO, M. G. *Avaliação para a aprendizagem*: o processo avaliativo para melhorar o desempenho dos alunos. São Paulo: Ática Educadores, 2011.

BALDI, E. *Leitura nas séries iniciais*: uma proposta para formação de leitores de literatura. Porto Alegre: Projeto, 2009.

BARBA, C. et al. *Computadores em sala de aula*: métodos e usos. Tradução de Alexandre Salvaterra. Porto Alegre: Penso, 2012.

BARBOSA, L. M. S. *Temas transversais*: como utilizá-los na prática educativa? Curitiba: IBPEX, 2007.

BRASIL. Ministério da Educação. *Ensino Fundamental de nove anos*: orientações para a inclusão da criança de seis anos de idade. Brasília: MEC/SEB/FNDE, 2006.

______. *Pró-letramento*: programa de formação continuada de professores das séries iniciais do Ensino Fundamental. Brasília: MEC/SEB/FNDE, 2006. 7 v.

______. Secretaria da Educação Fundamental. *Parâmetros Curriculares Nacionais*: Língua Portuguesa. Brasília: MEC/SEF, 1997.

______. ______. *Referencial curricular nacional para Educação Infantil*. Brasília, 1998.

BUSQUETS, M. D. et al. *Temas transversais em educação*: bases para uma formação integral. 6. ed. São Paulo: Ática, 2000.

CAGLIARI, L. C. *Alfabetização & linguística*. São Paulo: Scipione, 2009. (Coleção Pensamento e ação na sala de aula).

CALKINS, L.; HARTMAN, A.; WHITE, Z. *Crianças produtoras de texto*: a arte de interagir em sala de aula. Porto Alegre: Artmed, 2008.

CAPRA, F. et al. *Alfabetização ecológica*: a educação das crianças para um mundo sustentável. Tradução de Carmen Fischer. São Paulo: Cultrix, 2014.

CARVALHO, F. C. A. *Tecnologias que educam*: ensinar e aprender com tecnologias de informação e comunicação. São Paulo: Pearson Prentice Hall, 2010.

COELHO, M. I. M.; COSTA, A. E. B. (Org.). *A educação e a formação humana*: tensões e desafios na contemporaneidade. Porto Alegre: Artmed, 2009.

COELHO, N. N. *Literatura infantil*: teoria, análise, didática. São Paulo: Moderna, 2011.

CUNHA, C.; CINTRA, L. F. L. *Nova gramática do português contemporâneo*. 3. ed. Rio de Janeiro: Nova Fronteira, 2013.

FAZENDA, I. C. A. *Didática e interdisciplinaridade*. Campinas: Papirus, 2010.

GERALDI, J. W. (Org.). *O texto na sala de aula*. São Paulo: Ática, 2006.

GOULART, I. B. *Piaget*: experiências básicas para utilização pelo professor. 20. ed. Petrópolis: Vozes, 2003.

HOFFMANN, J. *Avaliar para promover*: as setas do caminho. Porto Alegre: Mediação, 2009.

KOCH, I. G.; ELIAS, V. M. *Ler e compreender*: os sentidos do texto. São Paulo: Contexto, 2011.

KÖCHE, V. S.; MARINELLO, A. F.; BOFF, O. M. B. *Estudo e produção de textos*: gêneros textuais do relatar, narrar e descrever. Petrópolis: Vozes, 2012.

LEGAN, L. *A escola sustentável*: ecoalfabetizando pelo ambiente. São Paulo: Imprensa Oficial do Estado de São Paulo/Pirenópolis: Ecocentro, Ipec, 2007.

LUFT, C. P. *Novo guia ortográfico*. São Paulo: Globo, 2013.

MARZANO, R. J.; PICKERING, D. J.; POLLOCK, J. E. *O ensino que funciona*: estratégias baseadas em evidências para melhorar o desempenho dos alunos. Tradução de Magda Lopes. Porto Alegre: Artmed, 2008.

MORAIS, A. G. *Ortografia*: ensinar e aprender. São Paulo: Ática, 2010.

______. *Sistema de escrita alfabética*. São Paulo: Melhoramentos, 2012. (Coleção Como eu ensino).

MORAIS, J. *Criar leitores*: para professores e educadores. Barueri: Minha Editora, 2013.

NÓBREGA, M. J. *Ortografia*. São Paulo: Melhoramentos, 2013. (Coleção Como eu ensino).

PERRENOUD, P. et al. *As competências para ensinar no século XXI*: a formação dos professores e o desafio da avaliação. Tradução de Cláudia Schilling e Fátima Murad. Porto Alegre: Artmed, 2002.

PETTER, M.; FIORIN, J. L. (Org.). *África no Brasil*: a formação da língua portuguesa. São Paulo: Contexto, 2008.

PICCOLLI, L.; CAMINI, P. *Práticas pedagógicas em alfabetização*: espaço, tempo e corporeidade. Erechim: Edelbra, 2012.

ROIPHE, A.; Fernandez, M. A. *Gêneros textuais*: teoria e prática nos anos iniciais do Ensino Fundamental. Rio de Janeiro: Rovelle, 2011.

RUSSO, M. F.; VIAN, M. I. A. *Alfabetização*: um processo em construção. São Paulo: Saraiva, 2010.

SISTO, Celso. *Textos & pretextos sobre a arte de contar histórias*. Belo Horizonte: Aletria, 2012.

TEBEROSKY, A. *Compreensão de leitura*: a língua como procedimento. Tradução de Fátima Murad. Porto Alegre: Artmed, 2003.

VILLAS BOAS, B. M. F. *Virando a escola do avesso por meio da avaliação*. Campinas: Papirus, 2008.

VYGOTSKY, L. S. *Pensamento e linguagem*. Tradução de Jefferson Luiz Camargo. 3. ed. São Paulo: Martins Fontes, 2005.

ZABALA, A.; ARNAU, L. *Como aprender e ensinar competências*. Porto Alegre: Artmed, 2010.

Material de apoio

Caderno de gramática e ortografia

3º ANO

Bedrin/Shutterstock/Glow Images

editora scipione

Unidade 1

1 Leia abaixo uma lista de nomes de doces. Reescreva-os em ordem alfabética.

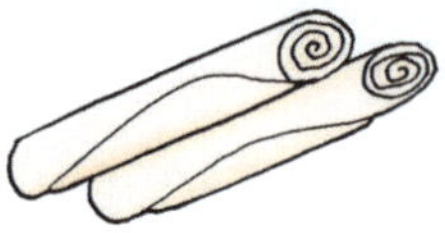

suspiro ....

cocada ....

maçã do amor ....

algodão-doce ....

merengue ....

queijadinha ....

brigadeiro ....

paçoca ....

beiju ....

olho de sogra ....

casadinho ....

munguzá ....

quebra-queixo ....

papo de anjo ....

pé de moleque ....

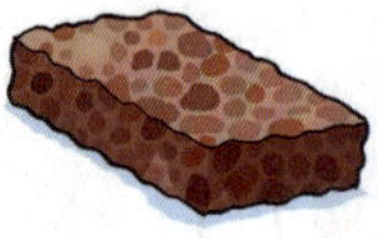

Ilustrações: Roberto Higa/Arquivo da editora

2 Complete as palavras com **s** ou **z**. Depois, leia-as.

atri.....	lu.....	mê.....	têni.....	te.....
avestru.....	pa.....	pé.....	ve.....	inglê.....
quati.....	pire.....	biscoito.....	ônibu.....	atla.....
perdi.....	girafa.....	no.....	portuguê.....	paí.....

3 Leia estes versos:

Quando às **vezes** o sono me foge,
Eu não fico a contar **carneirinhos**
No escuro, na cama, até hoje
Fecho **os olhos** e invento **versinhos**

Rimas de ninar, de Tatiana Belinky.
São Paulo: Ática, 2009.

Roberto Higa/Arquivo da editora

a) As palavras destacadas no texto acima estão no plural ou no singular?

....

b) Nesse texto, há alguma palavra terminada em **z**?

....

c) Escreva no singular as palavras destacadas e conte aos colegas o que você observou.

....

....

d) Agora, escreva duas frases utilizando pelo menos uma palavra que termina em **z** e uma que termina em **s** e que não esteja no plural.

....

....

4 Complete as palavras e, depois, leia-as.

..........lusão	bici..........leta	pala..........ra
a..........leta	..........rincadeira	so..........ro
..........ladimir	..........rocodilo	ba..........re
..........lacar	vi..........ro	..........lamingo
..........lobo	..........rango	po..........ro

- Copie os encontros consonantais dessas palavras.

....

....

5 Leia o texto e copie as palavras que têm encontro consonantal.

> O plástico é um material barato, durável, resistente e higiênico. É usado na fabricação de muitos objetos do nosso dia a dia, por exemplo: pratos, talheres, lixeiras e brinquedos.

....

....

....

- Sublinhe no texto acima as palavras que apresentam encontro vocálico. Depois distribua-as no quadro abaixo de acordo com o encontro vocálico.

Ditongo	Hiato
....	....
....	....
....	....

6 Leia o poema e observe as palavras destacadas.

A flor e o vento

Num vai e vem
ritmado,
a **flor realiza**
o movimento
de um **bailado**
orquestrado
pelo vento.

Parece a cada
compasso
que a flor vive
indecisa.
Não sabe se **abraça**
a **terra,**
não sabe se **voa**
com a **brisa.**

O bailado, de Hardy Guedes Alcoforado Filho. São Paulo: Scipione, 2008.

Roberto Higa/Arquivo da editora

- Copie as palavras destacadas na coluna correspondente.

Encontro vocálico	Encontro consonantal	Dígrafo

7 Complete as palavras com dígrafos e, depois, leia-as.

pinta.........ilgo
andori.........a
abe.........a
mi.........oca
.........upim
es.........ilo
á.........ia
.........epardo
ma.........eco

8 Complete as palavras das colunas com **s** ou **ss**.

....	....	....
....	....	....
....	....	....
....	....	....
diver.......ão	profe.......ora	.......elva
impul.......o	a.......ado	.......onho
in.......eto	deze.......ete	.......uspiro
pen.......ar	i.......o	.......ilêncio

- Leia as palavras prestando atenção ao som da letra **s**. Depois escreva no topo de cada coluna uma das informações abaixo.

som **sê** representado por **ss**

som **sê** representado por **s** no início da palavra

som **sê** representado por **s** depois de consoante

9 Leia as palavras em voz alta e assinale aquelas em que a letra **s** tem som **zê**.

◯ sorvete	◯ semente	◯ lasanha
◯ surpresa	◯ raposa	◯ pensar
◯ salada	◯ tesouro	◯ música
◯ Brasil	◯ presunto	◯ silêncio
◯ desenho	◯ ganso	◯ suave

10 Leia o texto e conheça um pouco sobre a Constituição para crianças.

Criança tem direito à **educação**. Tem que crescer saudável, praticar **esportes**, **brincar**, passear e se divertir.

Criança tem que ter quem a proteja, quem tome conta dela. Criança **não** deve sofrer.

E tem mais...

A **natureza** precisa ser preservada, cuidada, e não destruída e contaminada.

O Brasil **é** um país grande e rico, com sua floresta **Amazônica**, sua mata **Atlântica**, sua **serra** do Mar, seu Pantanal Mato-grossense, sua zona costeira... É nosso patrimônio nacional. Precisamos cuidar do que é nosso. [...]

Também os **animais** têm que ser respeitados. Eles são parte fundamental do **equilíbrio** da natureza.

Algumas das minhas leis foram feitas para proteger a **fauna** brasileira, isto é, os animais que vivem em nossas matas, **mares**, rios e lagos.

Entre neste livro: a Constituição para crianças, de Liliana Iacocca.
São Paulo: Ática, 2011.

a) Leia as palavras destacadas no texto e separe-as em sílabas.

....

....

....

....

....

....

....

b) Copie as palavras no quadro de acordo com o número de sílabas.

Monossílabas	Dissílabas

Trissílabas	Polissílabas

c) No item **a**, circule a sílaba tônica de cada palavra.

d) Considere a posição da sílaba tônica e escreva as palavras na coluna correta.

Proparoxítonas	Paroxítonas	Oxítonas

Unidade 2

1 Leia a fábula. Depois, circule as palavras que têm **ç** ou **c** representando som **sê**.

Roberto Higa/Arquivo da editora

A raposa e a cegonha

A raposa convidou a cegonha para jantar.

Disposta a pregar uma peça na outra, **serviu** uma **sopa** num prato raso. Enquanto a raposa comia a valer, a cegonha, com seu **bico** enorme, não conseguiu provar uma gota que fosse. Ficou morrendo de fome, com o estômago a **roncar**, mas não disse nada.

No dia seguinte, um pombo-correio entregou um bilhete para a raposa, no qual estava escrito: "Venha jantar em minha casa hoje à noite. A Cegonha".

A raposa aceitou o **convite** e, na hora **marcada**, estava cheia de gentilezas na casa da outra.

Quando se **sentaram** à mesa, a raposa teve uma decepção e tanto. O delicioso **ensopado** de **carne** foi **servido** em jarras altas com gargalo estreito. Para a cegonha bastava colocar o bico, mas a raposa não conseguia comer de jeito nenhum.

Foi embora muito antes do que planejava, com o rabo entre as pernas.

Trate os outros da mesma forma que você deseja ser tratado.

Fábulas de Esopo, de Jean de La Fontaine. Adaptação de Lúcia Tulchinski. São Paulo: Scipione, 2001.

a) Observe estas palavras:

circular	agradecer	peça	beiço	açucarado

- Agora, complete a informação abaixo.

Para representar o som **sê**, usamos .... antes de **e** e **i** e .... antes de **a**, **o** e **u**.

b) Leia as palavras destacadas na fábula e copie-as na coluna correta.

Roberto Higa/Arquivo da editora

s representando som **sê** (como em **siri**)	**c** representando som **quê** (como em **canguru**)

2 Leia as palavras abaixo.

pescaria	cascalho	florescer
descida	adolescente	disciplina
piscina	fascinante	escada
biscoito	descer	nascimento
músculo	discípulo	nascer

a) Pinte as palavras em que a letra **c** apresenta som **quê**, como em **canguru**.

b) Leia as palavras que não foram pintadas. Como o som **sê** é representado nelas?

3 O texto a seguir é sobre o livro **O pirulito do pato**, de Nílson José Machado. Complete esse texto com as palavras e os sinais de pontuação abaixo.

situação**?**	Xato**.**	pedaço**,**
Zinho**.**	Dino**,**	doce**!**

Mamãe pata acabara de dividir um pirulito entre os filhotes Lino e .... quando chegaram a pata Xoca e o patinho ....

Mais um para dividir o ....
Cada um já estava com seu .... mas aí apareceu o pato .... Como resolver a ....

[...]

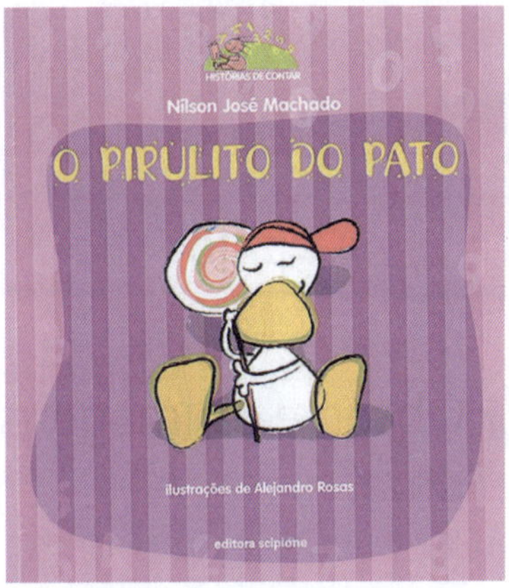

Editora Scipione/Arquivo da editora

Catálogo de Paradidáticos Infantis 2010/2011. São Paulo: Scipione, 2010.

a) Escreva abaixo o nome dos sinais de pontuação que você usou para completar o texto.

? .... , ...

! ....

b) Imagine um diálogo entre os filhos de dona pata. Coloque os sinais de pontuação que faltam.

Quando Xato chegou com sua mãe, Lino perguntou:
— O que faremos....................
Dino respondeu:
— Vamos dividir novamente o pirulito....................

4 Releia o texto da página 11.

a) Copie os substantivos comuns que iniciam com:

m:

p:

f:

b) Assinale o substantivo próprio:

- ◯ doce
- ◯ Dino
- ◯ pato

5 Observe as imagens e escreva o substantivo correspondente a cada uma.

Jackhollingsworth.com/Shutterstock/Glow Images

Mino Surkala/Shutterstock/Glow Images

Max Sudakov/Shutterstock/Glow Images

Dean Drobot/Shutterstock/Glow Images

Dmitry Zimin/Shutterstock/Glow Images

Cristi Bastian/Shutterstock/Glow Images

6 Ligue as imagens ao substantivo coletivo correspondente.

Ilustrações: Roberto Higa/Arquivo da editora

biblioteca

álbum

constelação

bando

7 Procure no dicionário os substantivos coletivos abaixo e escreva o que eles representam.

a) alcateia: ....

b) feixe: ....

c) pinacoteca: ....

Unidade 3

1 Leia as palavras e coloque os artigos definidos correspondentes.

.... cinema
.... televisão
.... teatro
.... bicicleta
.... piscina
.... boliche
.... futebol
.... festa
.... pescaria
.... música
.... tênis
.... vôlei
.... couve-flor
.... artesanato

a) Agora separe no quadro as palavras que são substantivos femininos e as que são substantivos masculinos.

Substantivos femininos	Substantivos masculinos

b) Escreva uma frase com pelo menos um substantivo feminino e um substantivo masculino da atividade.

....

....

2 Leve a menina até a escola seguindo todas as placas com adjetivos.

Roberto Higa/Arquivo da editora

- Copie os adjetivos da trilha no quadro abaixo. Depois complete-o com os adjetivos no gênero masculino.

Adjetivos femininos	Adjetivos masculinos
....	....
....	....
....	....
....	....
....	....

3 Leia o texto abaixo.

O Alvinho andava muito **mentiroso**...

A **mãe** reclamava, a professora implicava e o pai dele, seu Brigagão, já estava ficando **furioso**:

— Olha aqui, Alvinho. Da próxima vez que eu pegar você mentindo vou lhe dar um castigo que você nunca mais vai **esquecer**...

Mas o Alvinho não tomava jeito!

Não é que ele fizesse por **mal**, não.

É que acontecia...

Como naquele dia em que ele ficou vendo o campeonato de botão na escola, esqueceu da hora e chegou em casa para almoçar às duas e meia.

Roberto Higa/Arquivo da editora

Dona Branca não ficou zangada. Ela já estava zangada há **muito** tempo:

— Isso é hora de chegar, Alvinho?

Nessas horas a mentiradeira de Alvinho começava a funcionar:

— Sabe o que foi, mãe? É que lá na escola teve um... furacão!

[...]

Alvinho, a apresentadora de TV e o campeão, de Ruth Rocha. São Paulo: FTD, 2004.

a) Observe as palavras destacadas no texto. Escreva um antônimo para elas.

mentiroso: ....

furioso: ....

esquecer: ....

mal: ....

muito: ....

b) Encontre no texto um sinônimo de **furioso** e escreva abaixo.
Dica: Você pode mudar o gênero da palavra.

....

4 Você conhece a Mônica, personagem criada por Mauricio de Sousa? Veja abaixo o trecho de uma canção da Turma da Mônica.

Sou a Mônica

Sou a Mônica, sou a Mônica
Dentucinha e sabichona.
Sou a Mônica, sou a Mônica
Tão teimosa e tão mandona.

Disponível em: <http://letras.mus.br/turma-da-monica/1053980/>. Acesso em: 1º fev. 2015.
Créditos: **Mônica** (Gao/Wilma Camargo/Mauricio de Sousa). Fermata do Brasil.

a) Copie a palavra que está no diminutivo e escreva-a também no grau normal e no aumentativo.

....

b) Escreva os adjetivos que Mônica cita.

....

....

5 Leia o poema.

Brincar de ritmo e de rima
Me distrai e logo me acalma
E o sono cai lá de cima
De mansinho, e faz bem à alma

Mas se o sono se manifesta
E baixa sem ser convidado
Neste caso ele estraga a festa:
Não aguento e "durmo acordado"...

Rimas de ninar, de Tatiana Belinky.
São Paulo: Ática, 2009.

Roberto Higa/Arquivo da editora

- Copie no quadro abaixo as palavras do poema que têm:

l com som **lê**	**l** com som **u**

6 Pesquise em jornais e revistas palavras com **e** ou **i** em final de palavra e escreva-as abaixo.

....

....

....

Unidade 4

1 Leia o texto abaixo.

Ao ataque! Ou como me tornei um pirata como eles

Nessa mesma tarde, os homens de L'Hermite tomaram outro galeão cheio de suprimentos. Dessa vez, no entanto, Ignacio e eu estivemos entre os assaltantes.

Foi uma experiência incrível. Iniciamos a perseguição ao comando do capitão dizendo: "Ao ataque". Não levamos muito tempo para alcançar a nossa vítima. Quando estávamos a dez ou vinte metros, pude ver os olhos aterrorizados dos marinheiros sobre a coberta. Saltamos do nosso barco até o galeão no exato instante em que batemos nele a estibordo e o capitão gritava: "Ao ataque!". Senti-me um pirata como eles. Gritamos como o grupo, e nem Ignacio, nem eu pudemos nos controlar, pegamos nossas respectivas espadas e lutamos lado a lado.

A tripulação do barco e os piratas suspenderam o combate ao ver aquelas duas espadas se movendo sozinhas no ar. Alguns saltaram no mar, outros, piratas e defensores, igualmente, ajoelharam-se implorando perdão e invocando dezenas de santos. Ao ver aquilo, Ignacio e eu paramos e deixamos cair nossas espadas no chão.

[...]

Piratas no Callao, de Hernán Garrido-Lecca.
São Paulo: Salamandra, 2008.

Roberto Higa/Arquivo da editora

2 Releia os trechos do texto abaixo e substitua as palavras destacadas pelos pronomes correspondentes.

a) "Nessa mesma tarde, **os homens de L'Hermite** tomaram outro galeão cheio de suprimentos. Dessa vez, no entanto, **Ignacio e eu** estivemos entre os assaltantes."

Nessa mesma tarde, ... tomaram outro galeão cheio de suprimentos. Dessa vez, no entanto, ... estivemos entre os assaltantes.

b) "Saltamos do nosso barco até o galeão no exato instante em que batemos nele a estibordo e **o capitão** gritava: 'Ao ataque!'."

Saltamos do nosso barco até o galeão no exato instante em que batemos nele a estibordo e .... gritava: "Ao ataque!".

c) "**A tripulação do barco e os piratas** suspenderam o combate ao ver aquelas duas espadas se movendo sozinhas no ar. Alguns saltaram no mar, outros, piratas e defensores, igualmente, ajoelharam-se implorando perdão e invocando dezenas de santos. Ao ver aquilo, **Ignacio** e eu paramos e deixamos cair nossas espadas no chão."

.... suspenderam o combate ao ver aquelas duas espadas se movendo sozinhas no ar. Alguns saltaram no mar, outros, piratas e defensores, igualmente, ajoelharam-se implorando perdão e invocando dezenas de santos. Ao ver aquilo, ... e eu paramos e deixamos cair nossas espadas no chão.

3 Retire do texto:

a) as palavras com consoantes seguidas de **r**;

....

....

....

b) as palavras com consoantes seguidas de **l**;

....

c) as palavras com til.

....

....

....

....

- Leia as palavras abaixo e escreva o plural delas.

galeão .... tripulação ....

perseguição .... perdão ....

capitão .... chão ....

4 Reescreva o trecho abaixo, passando os verbos para o futuro.

"os homens de L'Hermite tomaram outro galeão cheio de suprimentos. Dessa vez, no entanto, Ignacio e eu estivemos entre os assaltantes."

....

....

....

....

5 Leia as palavras do quadro e use-as para completar o texto abaixo.

fomos	observamos	fez	joguei
colheu	arrancaram	deu	fizemos

Por que proteger a natureza?

Um dia, nossa classe .... uma excursão.

.... para uma praia e .... as piscinas nas pedras. Foi lindo!

Na volta, ... um piquenique em um bosque. Começamos a fazer bagunça.

Carlos e Mariana .... uns galhos, eu .... longe a lata de refrigerante, João .... flores e Sara tentou matar uma abelha.

A professora .... a maior bronca. Falou que devemos proteger a natureza, e não machucá-la.

Roberto Higa/Arquivo da editora

[Carlos disse:]

— Por que tenho de proteger a natureza? Não podemos nem subir nas árvores?

Aí ela disse:

— Já pensou se todo mundo resolvesse arrancar os galhos das árvores? As árvores ficariam sem folhas e não poderiam crescer. Os pássaros não teriam onde fazer seus ninhos.

[...]

"Por que proteger a natureza?": aprendendo sobre meio ambiente, de Jen Green e Mike Gordon. São Paulo: Scipione, 2005.

a) Releia as palavras que você usou para completar o texto. Essas palavras indicam:

◯ seres e coisas que existem no mundo. ◯ ações.

b) Complete a informação e, depois, leia-a.

As palavras que indicam ação são classificadas como ....

6 Observe a relação entre estes verbos:

observamos → **observar**	começamos → **começar**
arrancaram → **arrancar**	joguei → **jogar**

a) Faça o mesmo com estes outros verbos do texto:

falou → ....
pensou → ....
resolvesse → ....
colheu → ....

b) Escreva os verbos do texto que terminam com **r**.

....

7 Complete as frases com o verbo nos tempos indicados. Depois leia as frases formadas.

verbo **proteger**

a) Por que Sara, Mariana e Carlos não .... (pretérito) a natureza?

b) As crianças .... (futuro) a natureza.

c) Meus amigos e eu sempre .... (presente) a natureza.

verbo **crescer**

a) As árvores .... rápido!
(pretérito)

b) O número de árvores .... dia a dia no parque.
(presente)

c) Logo, logo as árvores ....
(futuro)

8 Complete o quadro com pronomes e verbos.

Ficar		
Presente	**Pretérito**	**Futuro**
eu	.... fiquei	eu ....
tu	.... ficaste	tu ....
.... fica	ele	ele ficará
ela	ela	.... ficará
nós	nós ficamos	nós ....
vós	vós	vós ficareis
.... ficam	.... ficaram	.... ficarão

9 Leia estas palavras e coloque **s** para **substantivo** e **v** para **verbo**.

( ) excursão ( ) excursionar ( ) proteção
( ) bagunçar ( ) observação ( ) proteger
( ) bronca ( ) bronquear ( ) crescimento

Pronome e verbo

Verbo é a palavra que indica ação, estado ou fenômeno da natureza.

Encontre na cena do piquenique as imagens que representam as situações listadas a seguir:

1. **Ventou** no dia do passeio.
   Verbo que indica fenômeno da natureza.

2. As crianças **estavam** felizes.
   Verbo que indica estado.

3. Eles **trouxeram** muitas frutas.
   Verbo que indica ação.

Observe que, no item 3, usamos a palavra "eles" para nos referirmos aos participantes do piquenique. A palavra "eles" é chamada de pronome.

Pronome é a palavra que substitui o nome.

Agora, encontre na cena uma situação que remeta às seguintes frases:

Ele corre todas as manhãs.

Ela pedala para ir ao mercado.

Ela telefonou para a amiga.

Ilustra Cartoon/Arquivo da editora

Pronome e verbo

Veja alguns pronomes:

	Singular	Plural
Quem fala	eu	nós
Com quem se fala	tu/você	vós/vocês
De quem se fala	ele/ela	eles/elas

robert_s/Shutterstock/Glow Images

Veja os tempos do verbo:

Presente	Pretérito	Futuro
Eu passeio	Eu passeei	Eu passearei
Tu passeias	Tu passeaste	Tu passearás
Ele/Ela passeia	Ele/Ela passeou	Ele/Ela passeará
Nós passeamos	Nós passeamos	Nós passearemos
Vós passeais	Vós passeastes	Vós passeareis
Eles/Elas passeiam	Eles/Elas passearam	Eles/Elas passearão

MARCHA CRIANÇA

3º ANO

A BELA ADORMECIDA

Conto de Charles Perrault recontado por
Yara Najman e Vera Verri Calabria.
Ilustrações de Fabiana Shizue.

ALUNO: ....

ESCOLA: ....

editora scipione

Era uma vez, em um reino muito distante, um rei e uma rainha que desejavam muito ter filhos.

Um dia, finalmente, a rainha deu à luz uma linda menina e eles a chamaram de Aurora. Todos no reino ficaram muito felizes com a alegria do rei e da rainha.

Para o batizado de Aurora os reis convidaram três fadas madrinhas: Flora, Fauna e Primavera.

Flora presenteou a princesa dotando-a de grande beleza; Fauna ofereceu-lhe como dom uma maravilhosa voz para que cantasse em todos os seus momentos de alegria.

Antes que a fada Primavera pudesse dizer qual seria o seu presente, a fada Malévola cruzou os ares e entrou no salão do palácio com um grande estrondo. Ela chegou furiosa porque não tinha sido convidada para o batizado e jogou sobre a princesinha uma terrível maldição:

— No dia em que a princesa completar 15 anos, ela morrerá ao espetar o dedo no fuso de uma roca de fiar.

Em seguida, a fada saiu voando pela janela e desapareceu.

Por sorte, a fada Primavera ainda não havia presenteado a princesinha. Como a fada não tinha poderes para anular a maldição lançada por Malévola, ela procurou deixá-la menos terrível e profetizou:

— Aurora não morrerá ao espetar o dedo no fuso, mas adormecerá juntamente com todas as pessoas do reino e somente despertará, com todos os que a amam, se receber um sincero beijo de amor.

O rei e a rainha ficaram muito assustados e desesperados.

O rei, então, decretou que daquele dia em diante ninguém no palácio poderia usar uma roca de fiar.

Depois do grande susto, o tempo foi passando, e a princesinha Aurora foi crescendo muito saudável, linda e alegre. Sempre cantava suaves canções que alegravam todos os que estavam ao seu redor. Diante da bondade e da alegria contagiante da princesa, com o passar dos anos, as pessoas acabaram por se esquecer da maldição de Malévola.

No dia em que completava 15 anos, a princesa caminhava sozinha pelo jardim, quando observou uma escada que levava a uma torre isolada do castelo. Subiu a escada e chegou diante de uma porta. Curiosa, Aurora entrou e deparou-se com uma velhinha fiando em uma roca. A velhinha, que vivia isolada na torre, não sabia da ordem do rei nem tomara conhecimento da terrível maldição.

Aurora ficou encantada ao ver a velhinha trabalhando, fazendo a roca girar com grande velocidade. Aproximou-se e perguntou:

— Que coisa é essa, que gira tão depressa? Para que serve?

— Serve para fiar e tecer — respondeu a velhinha.

A princesa se aproximou e ao tocar o fuso da roca levou uma picada no dedo e adormeceu imediatamente.

Os empregados do rei correram para socorrer a princesa, mas nada puderam fazer para reverter a situação.

Lentamente, todos do reino adormeceram: o rei, a rainha, os nobres da corte, os serviçais do palácio, os jardineiros, bem como todos os habitantes.

O tempo foi passando, o mato cresceu ao redor do palácio, o reino parecia deserto e as pessoas das outras aldeias tinham medo de se aproximar.

Até que um dia, passando pelos arredores, apareceu um príncipe, conhecido por sua valentia e por seu bom caráter. Como gostava de desafios, disse aos nobres que o acompanhavam:

— Vou entrar nessa cidade e no palácio para descobrir o mistério que se esconde por trás desse isolamento.

Assim que o príncipe entrou no castelo, viu todos adormecidos. Caminhou pelos salões e quartos procurando entender o que havia acontecido.

Quando viu a linda princesinha adormecida, apaixonou-se imediatamente e, inclinando-se sobre ela, beijou-a. Nesse momento, Aurora despertou e sorriu para ele. Em seguida, o rei, a rainha, os nobres, os serviçais do palácio e o povo da cidade também despertaram do longo sono.

Quando a vida da cidade voltou à normalidade, os dois se casaram e foram felizes para sempre.

POR DENTRO DA HISTÓRIA

1. Quem deu o nome de Aurora à princesinha? Marque um **X** na resposta correta.

◯ A fada madrinha Flora.

◯ Os pais da princesinha.

◯ O povo do reino.

2. Ligue o nome das fadas madrinhas aos dons que elas concederam à princesinha.

Flora	bela voz
Fauna	grande beleza

3. Qual foi o presente que a fada Primavera deu à princesa? Por quê?

....

....

....

....

....

4. Quem é Malévola e por que ela tem esse nome? Esse nome combina com ela?

....

....

....

5 Circule o nome dos personagens que fazem parte da história de Bela Adormecida.

princesinha	rei	caçador
o Lobo Mau	príncipe	fada Malévola
fada Primavera	velhinha	duende

6 Observe os desenhos e escreva somente o nome dos personagens que adormeceram.

....

....

....

....

....

....

7 Marque um **X** no significado da palavra **profetizar**.

( ) Rogar pragas.

( ) Anunciar o que vai acontecer.

( ) Desejar para alguém alguma coisa muito ruim.

8 Descreva a profecia feita pela:

a) fada Malévola.

....

....

b) fada Primavera.

....

....

9 Observe os desenhos e descubra o nome de outros contos de fadas.

....

....

10 Complete a cruzadinha com o nome dos personagens do conto.

11 Se você tivesse poderes, que presente daria à princesa Aurora?

....

....

....

....

....

12 Observe o bosque do castelo da Bela Adormecida e pinte:

• dois lobos. • o cavalo do príncipe. • a espada do príncipe.

13 Ligue as letras abaixo para formar:

- o nome da princesa.
- o nome da fada má.
- o nome da primeira fada a presentear a princesa.
- o nome do objeto que furou o dedo da princesa.

Dica: para cada nome, use um lápis colorido diferente para ligar as letras.

M L É R S A R O V F U O L A

Material de apoio

Caderno de produção de texto

3º ANO

Kronick/Shutterstock/Glow Images

Aluno: ____________________

Escola: ____________________

editora scipione

Sumário

Unidade 1

Livro de receitas saudáveis

Rascunho

Texto final

Baú de histórias da turma

Rascunho

Texto final

Relato pessoal

Rascunho

Texto final

Unidade 4

Ficha do bicho

Rascunho

Animal em extinção

Nome do animal: ....

Características: ....

Alimentação: ....

Onde vive: ....

Por que está ameaçado de extinção: ....

....

Texto final

Animal em extinção

Nome do animal: ....

....

Características: ....

....

....

Alimentação: ....

....

....

Onde vive: ....

....

....

Por que está ameaçado de extinção: ....

....

....

....

....

....

....

....